U0947544

高等职业教育“十三五”创新型规划教材

企业会计综合实训

主　编　姚云霞
副主编　刘中爱　宋鹤年
参　编　张　露
主　审　李　晶　汤志飞

北京理工大学出版社
BEIJING INSTITUTE OF TECHNOLOGY PRESS

图书在版编目（CIP）数据

企业会计综合实训/姚云霞主编．—北京：北京理工大学出版社，2018.1(2020.1重印)
ISBN 978-7-5682-5147-1

Ⅰ．①企… Ⅱ．①姚… Ⅲ．①企业会计-教材 Ⅳ．①F275.2

中国版本图书馆CIP数据核字（2018）第007260号

出版发行／北京理工大学出版社有限责任公司
社　　址／北京市海淀区中关村南大街5号
邮　　编／100081
电　　话／（010）68914775（总编室）
　　　　　（010）82562903（教材售后服务热线）
　　　　　（010）68948351（其他图书服务热线）
网　　址／http：//www.bitpress.com.cn
经　　销／全国各地新华书店
印　　刷／三河市天利华印刷装订有限公司
开　　本／787毫米×1092毫米　1/16
印　　张／20
字　　数／464千字
版　　次／2018年1月第1版　2020年1月第2次印刷
定　　价／48.00元

责任编辑／王俊洁
文案编辑／王俊洁
责任校对／周瑞红
责任印制／李　洋

图书出现印装质量问题，请拨打售后服务热线，本社负责调换

前 言

根据《国家中长期教育改革和发展规划纲要（2010—2020 年）》和《会计改革与发展“十三五”规划》的要求，我国高职教育要推行产教融合的教育模式。坚持面向市场、服务发展、促进就业的办学方向，以增强学生核心素养、技术技能水平和可持续发展能力为重点，对接最新行业、职业标准和岗位规范，强化课堂教学、实习、实训的融合。因此，高职会计教育，除了进行适度够用的理论教学外，还必须按照企业会计岗位流程，开设会计仿真模拟实训课程，并作为专业核心课程之一。为此，我们特组织老师编写了《企业会计综合实训》，本书选取了工业企业日常经济业务的仿真原始单据，以最新修订的会计准则和 2016 年 5 月 1 日全面营改增的税收法律法规为依据，从建账、制证、登账、成本计算、财产清查、期末结账到编制会计报表等日常会计工作，使学生熟悉和掌握工业企业日常经济的业务流程和会计工作流程，并分别通过会计手工和初级会计电算化两种形式进行综合实训，使学生在走上顶岗实习和实际会计工作之前，能在学校充分利用仿真经济业务资料，独立处理企业基本会计业务，从而全面获得会计职业判断能力和动手操作技能。真正做到把“教、学、做”融为一体，为学生顺利就业做好充分的职业准备。

本教材由姚云霞任主编，由刘中爱、宋鹤年任副主编，由李晶、汤志飞主审，由张露参编，最后由姚云霞总纂。参考答案由宋鹤年、李晶、汤志飞、张露老师共同完成。在本教材编写过程中，我们得到了安徽财贸职业学院的相关领导、同事，北京理工大学出版社相关领导以及会计和税收实务界有关专家的大力支持，在此一并表示衷心感谢！

由于时间仓促，水平所限，在教材的撰写、编辑以及印刷过程中，难免会存在一些错漏之处，敬请各位老师和学生在使用本教材的过程中提出宝贵意见，以期改正。

编　者

2017 年 12 月 5 日

目 录

概　论

第一节　企业会计综合实训的总体要求

一、实训的目的

会计专业是一门实践性很强的应用型专业，企业会计综合实训的目的是培养学生对企业会计日常业务的实际处理能力，增强学生的职业判断能力和实际动手操作技能，以缩短学生走上工作岗位后的“适应期”，为学生毕业后尽快胜任会计工作打下比较坚实的职业基础。

二、实训的基本要求

（1）实训前，对已经学过的基础会计、企业财务会计、成本会计等课程内容进行系统的复习。

（2）由实训指导老师带领学生认真阅读模拟实训资料，明确会计主体设计，了解企业概况。

（3）学生应掌握《会计法》《企业会计准则》《会计基础工作规范》以及相关税务、金融等方面的法律、法规。

（4）实训使用通用记账凭证、统一格式账页以及会计报表。

（5）实训结束装订凭证、账簿、报表。

第二节　企业会计综合实训的组织与形式

一、实训的组织

企业会计综合实训的组织主要包括：实训知识准备、实训人员安排、实训场地布置、实训物资准备等。

（一）教学计划安排

本课程计划安排 72～108 学时，各实训内容课时分配如下：

1. 会计手工模拟实训课时分配表（见表1-1）

表1-1 会计手工模拟实训课时分配表

学时

实训内容	课时数		
	合计	实训	准备、总结、机动
知识准备	4~8		4~8
建账	8~12	8~12	
日常经济业务处理	42~60	42~60	
会计报表编制	10~16	10~16	
会计凭证、账簿、报表整理、装订、归档、保管	4~6	4~6	
机动	4~6		4~6
合计	72~108	64~94	8~14

2. 会计电算化模拟实训课时分配表（略）

（二）实训知识准备

1. 企业会计综合实训

企业会计综合实训是学生毕业前的综合模拟实训，要求学生独立完成全部业务的会计操作，系统完整地掌握企业会计核算的全过程。所以，要求学生必须在已学完《基础会计》《企业财务会计》《成本会计》及相关《财经法规与会计职业道德》的基础上，方可进行会计综合模拟实训。

2. 会计电算化实训

会计电算化实训的知识准备应在会计综合实训所必需的知识准备的基础上，再增加《计算机基础知识》和《会计信息系统》两门课程的知识储备。

（三）实训人员安排

1. 师资的安排

为了使企业会计模拟实训顺利进行，提高会计模拟实训的效果，应专门配备专职或兼职的实习指导老师，负责组织和指导会计实训。实习指导老师应该是双师型教师，必须同时具备扎实的会计理论知识和会计实际操作经验。具有全程组织和驾驭学生模拟实训的能力，并能够根据学生进行模拟实训的态度、所完成的凭证及账表等会计信息的质量和处理会计实际问题的能力，准确地给予综合的评分。

2. 学生的安排

在组织会计手工实训时，实训指导老师最好将学生按照手工实训的八个会计岗位，分成八个实训小组，每个实训小组指定一位同学担任实训组长，配合实训指导老师组织本组学生实训，如对本组学生进行考勤、领用和分发本组同学的实训资料和用品等。每组学生在完成本会计岗位的实训任务后，有计划地轮换到其他七个会计工作岗位，按照每个会计工作岗位的业务内容和岗位要求认真进行所有岗位的实际操作任务。

（四）实训场地布置

为了使学生真正进入会计实际工作状态，达到仿真的效果，学校应该建立多个会计手工模拟实训室和多个会计电算化模拟实训室。当然，各个学校可以根据实际情况，将两个模拟实训室分开设置，也可以合并。本书第二章业务内容适合在会计手工模拟实训室进行，第三章业务内容适合在会计电算化模拟实训室进行。

（五）实训物资准备

1. 会计手工模拟实训的物资准备

（1）会计凭证。包括原始凭证、记账凭证。其中：原始凭证在本套实训教材的业务资料中已经系统提供。记账凭证采用通用记账凭证，此外，还要准备记账凭证封面、科目汇总表、试算平衡表、增值税专用发票抵扣联封面等。

（2）账簿。包括现金日记账和银行存款日记账、总分类账；三栏式明细分类账页、多栏式明细分类账页、数量金额式明细分类账页、备查账（或备查登记簿）、账簿封面、扉页（或账簿用一览表）、账夹、账绳等。

（3）会计报表。包括资产负债表、利润表以及报表封面等。

（4）印章。主要包括被模拟企业的公章、财务专用章、法人代表个人印章、发票专用章、参加实训学生的个人印章。

（5）会计相关办公用品。包括手工用的计算器、算盘、双色印台、笔筒、记账专用笔（红、蓝、黑色）、直尺、胶水、大头针、曲别针、剪子、裁纸刀、夹子、锥子、装订绳、装订机等。

2. 会计电算化模拟实训的物资准备

会计电算化模拟实训的物资主要包括计算机及通用财务软件一套。

3. 实训教材

《企业会计综合实训》教材及其配套多媒体课件等。

二、实训的基本形式

本套综合实训教材要求分两个阶段进行：第一阶段为会计手工模拟实训，主要利用中小型工业企业某一个月的日常经济业务资料由学生手工标记记账凭证、登记相关账簿、编制会计报表等，进行完整的会计操作；第二阶段为会计电算化模拟实训，主要利用第一阶段手工处理的资料和配套的通用财务软件，进行相关的会计处理，并机制生成相关的凭证、账簿、报表等完整资料。

本套综合实训教程可以根据所在学校的具体情况，分别选择分组、分岗位实训或由每位同学独立完成实训等形式组织实训教学。

第三节 企业会计综合实训的步骤

完成本套会计综合实训一般包括如下几个步骤：

一、计划准备

本套综合会计模拟实训一般安排在学生顶岗实习之前的第五学期进行，可以分散安排每周4~6课时实训，也可以集中安排2~3周的时间进行实训。具体采用哪种形式，可根据学校整个学期的教学计划情况而定。如果选择分组、分岗位完成实训任务，可采用集中安排2~3周的时间进行实训，效果会更好些。在具体进行实训前，实训指导老师应该说明会计模拟实训的目的，提出会计模拟实训的基本要求，介绍被模拟企业的概况等，并分组确定实训小组负责人，发放模拟实训教材和各种用品。

二、模拟实训

（一）会计手工模拟实训

1. 建立账簿体系

根据模拟企业的基本情况资料确定需要使用的会计科目，按照实训教材给定的模拟企业各账户的期初余额，选择各种相应的账簿和账页，建立总分类账、日记账、明细分类账，并逐个登记期初余额。

2. 日常经济业务实训

根据模拟企业日常经济业务的原始凭证，逐笔进行审核，填制相关的原始凭证和记账凭证；根据会计凭证，按照选择的会计核算形式登记相关账簿，并进行对账和结账。

3. 编制会计报表

根据总分类账和相关明细分类账的期末余额或发生额资料，编制资产负债表和利润表。

4. 整理装订会计凭证和账簿、报表等资料，并妥善保管

（二）会计电算化模拟实训

（1）选择安装会计软件，并进行系统初始化。

（2）进行经济业务的日常处理，即录入经济业务凭证。

（3）设计相关会计报表格式，并生成相关会计报表。

（4）打印记账凭证、账簿和会计报表资料。

（5）指定专人妥善保管。

（三）考核、评价

在会计模拟实训结束后，实训指导老师应该根据每位同学在实训过程中的出勤情况、实训态度、完成实训作业的认真程度、完成实训作业的质量等综合情况，尤其是最后提交的实训作业的质量，对学生的会计综合实训给定最终成绩。

第四节　企业会计综合实训的评价与考核

企业会计综合实训是会计专业的学生在定岗实习之前，在学校的最后一次由老师现场指导的综合实训，是对学生在学校学习的会计专业全部知识，包括对《基础会计》《企业财务会计》《成本会计》以及《财经法规与会计职业道德》等课程知识与能力的一次全面的检验。因此，对学生的会计模拟实训，应该建立健全相应的评价与考核体系，并由实训指导老师对学生作出客观公正的评价。所以，实训指导老师可以按实训教学计划规定的进度，将需要实训的内容作为实训作业布置给学生，由学生以小组为单位自主查阅相关资料，进行会计实际处理，然后由组内每位同学按要求进行实操，最终提交实训作业；也可以由单个学生独立完成。所以，在分组实训的形式下，实训指导老师在对学生的会计模拟实训进行评价与考核时，必须在综合考虑全组学生的实训成果及参与实训的情况下，再对组内每位同学按照评价与考核标准评定实训成绩。企业会计模拟实训的评价与考核标准见表1-2。

表1-2 企业会计模拟实训的评价与考核标准

分

序号	考核项目	考核内容	成绩	
			分值	得分
1	考勤	模拟实训的态度、独立性、组织纪律性等	10	
2	建账	建账（包括其正确性和实操的规范性）	5	
3	会计凭证	能正确地编制或取得、审核、传递和保管资金往来业务的原始凭证和记账凭证	20	
4	登记账簿	能正确地登记总账、明细分类账和日记账，能及时求出账户余额，标明账户余额方向	10	
5	成本计算	能正确地进行材料采购成本、产品生产成本、发出存货成本的计算和结账	5	
6	财产清查	能选用恰当的方法进行财产清查，会编制银行存款余额调节表和资金往来对账单，会对账，能准确地进行财产清查账务处理	5	
7	资产减值准备	能正确地运用职业判断在期末正确地估计资产减值损失额，并计提资产减值准备	5	
8	账证、账账核对	能进行账簿记录与会计凭证核对、总账和明细分类账核对、总账和日记账核对，确保账证、账账核对相符，会编制试算平衡表	10	
9	结账	能进行期末记账、求出期末余额，并划月结线等	5	
10	报表编制	能正确地编制资产负债表、利润表，并确保表表衔接	15	
11	会计信息资料归档	能独立完成会计凭证、会计账簿、会计报表及其他会计档案等的整理、装订、归档、保管工作	5	
12	实训报告	认真完成会计实训报告	5	
总成绩			100	

第二章

企业会计综合实训——会计手工

第一节　会计手工的基本操作程序

一、实训说明

实训说明主要是指在进行企业会计综合实训之前，由实训指导老师带领学生对实训需要的会计基础理论、相关法律法规及涉及的基础工作规范等知识作复习回顾。并且对每一部分实训操作提出建议和要求，为之后开始的模拟实训打下必要的基础。

二、建立账簿体系

建立账簿体系即建账，是指按照模拟企业的基本资料，正确选择会计科目和账簿，根据总分类账、现金日记账、银行存款日记账和各种明细分类账的特点、格式和基本结构，在不同格式账页的账簿中，开设总账、现金日记账、银行存款日记账和各种明细分类账，如果有期初余额，还应该按照会计基础工作规范的要求，正确地过入相关总账和其所属的明细分类账的期初余额栏中，并及时进行期初余额的试算平衡。

在建账时，除要求学生正确地开设各种账户外，还应该指导学生正确地启用账簿，按照规范填写账簿，启用登记表，并按照印花税税法的规定模拟粘贴印花税税票。

三、手工填制日常经济业务凭证

手工填制日常经济业务凭证是指在由实训指导老师带领学生熟悉模拟实训企业基本业务流程的情况下，运用已经选择的会计科目和开设的账户，填制会计凭证。

（1）学生在相应的会计工作岗位，根据实际发生的经济业务和会计操作规范的要求填写各种原始凭证。

（2）对已经发生的经济业务的原始凭证进行审核，并根据审核无误的原始凭证按规范填制和审核会计记账凭证。

（3）根据审核无误的记账凭证编制科目汇总表或汇总记账凭证。

四、登记账簿

登记账簿是指根据审核无误的记账凭证和相关的原始凭证，登记已经开设的现金日记账、银行存款日记账、各种明细分类账和总分类账。对于需要开设备查簿登记详细情况的经济业务，还应该同时登记备查簿。

五、核对账目

核对账目是指在账簿已经登记完毕的情况下，为了检查账簿记录的正确性，将会计账簿与所依据的会计凭证之间、总账与总账之间、总账与所属明细之间、总账与现金日记账之间、总账与银行存款日记账之间、债权债务明细账与对方单位之间、财产物资明细账与其仓库保管账之间等进行核对，保证账证相符、账账相符和账实相符，编制试算平衡表，为编制会计报表做好准备，以保证会计报表的正确性。

六、编制会计报表

编制会计报表是指以日常核算的会计账簿资料为基础，填制综合反映企业某一特定日期财务状况和一定会计期间经营成果的书面报告文件。编制会计报表是企业日常会计核算的最终成果。

第二节　工业企业模拟实训案例

一、工业企业基本情况介绍

（一）基本资料

企业名称：合肥乐安股份有限公司；

法定代表人：程宏；

企业类型：工业企业；

纳税人类型：增值税一般纳税人；

地址：安徽省合肥市经济技术开发区天智路666号；

电话：7755089；

开户银行：

①中国工商银行合肥分行科学大道分理处。

账户：开设一个基本存款账户；

账号：01400822600777。

②中国建设银行合肥大钟楼支行。

账号：05130066008823；

注册资金：1 200万元；

企业法人营业执照注册号：6645947718；

国家税务局、地方税务局税务登记证登记号：340883456119；

占地使用面积：54亩（35 999.64平方米）；

房产总值：12 963 590.60元；

投资方名称及投资比例：

①华泰公司，投资比例60%；

②昌河公司，投资比例40%。

生产概况：共设三个车间。其中，基本生产车间两个：

①铸造车间，生产半成品铸件；

②加工车间，生产产成品黄山牌 MF6－5 型钻孔机、黄山牌 DA8－7 型开孔机（主要用于各种运输管道的修理）。

辅助生产车间一个：供气车间，负责整个企业的动力需求。

职工人数：共160人。其中，董事长1人，财务部4人，行政办公室3人，质量检验部4人，业务部4人，仓储部2人，铸造车间管理人员2人，铸造车间生产工人70人，加工车间管理人员3人，加工车间生产工人55人，供气车间管理人员2人，供气车间维修工人10人。

（二）主要组织机构、相关责任人及其职责

1. 董事长

程宏，公司法定代表人，全面负责整个公司的生产经营管理工作，分管公司财务部、行政办公室、业务部等有关部门。

2. 财务部

（1）经理：胡杨，主要负责公司各项财务管理规章制度的制定，编制资金筹集和使用计划，进行财务决算、会计报表的分析和评价，负责进行会计稽核，参与公司重大经济业务的预测和决策，并参与相关经济业务合同的拟定及审核。

（2）总账会计：程栋。主要负责定期汇总编制科目汇总表，登记总分类账户，进行产品成本核算，计算利润并进行利润分配。督促期末对账，负责编制公司各种财务报表，保管会计档案。

（3）二级账会计：王斌彬。负责填制记账凭证，登记除现金日记账、银行存款日记账之外的各种明细分类账户，负责开具增值税专用发票、普通发票等各种发票。

（4）出纳员：张敏。负责办理公司现金和银行存款的收付业务，对公司的库存现金、各种有价证券和支票的安全性、完整性负责，对公司现金、银行存款收付的正确性负责，负责登记现金日记账、银行存款日记账，负责编制工资结算表。兼办税务，负责办理各项税款及各种社会保险的申报和缴纳。

3. 行政办公室

主任，张亚岚。主要负责整个公司的对外接待、联络，公司的人力资源管理、制定公司的工资方案、员工增减计划，负责公司的各项行政后勤事务等。

4. 质量检验部

主任，雷子明。主要负责公司各个生产车间生产的半成品（铸件）和产成品（MF6－5 型钻孔机、DA8－7 型开孔机）的质量检测，负责对公司采购部采购的原材料设备等的质量进行检测，签署产品质量和原材料、设备质量的意见。

5. 业务部

经理，余力。主要负责建立公司产品的销售网络，签订公司产品销售合同，进行日常销售业务的管理，并负责公司销货款的回收等。负责组织公司原材料等货源，签订公司各种原材料、设备等进货合同，并保障其安全性；保障公司产品生产的原材料供应。

6. 仓储部

部长，周湛。主要负责办理公司各种原材料、半产品、产成品的验收入库手续，保障库存材料、半成品及产成品的安全性和完整性，负责办理原材料、半成品和产成品的出库手续，并及时为公司采购部、销售部提供各种原材料、半成品和产成品的库存数量等方面的信息。

7. 铸造车间

主任，程汉强。主要负责铸造车间 MF6 -5 型钻孔机和 DA8 -7 型开孔机毛坯的生产和管理。

8. 加工车间

主任，温庆达。主要负责加工车间产成品 MF6 -5 型钻孔机和 DA8 -7 型开孔机的生产和管理。

9. 供气车间

主任，麦超。主要负责整个企业各种机器设备等的维护和修理。

二、企业内部会计制度设计

（一）会计核算工作的组织形式

采用公司财务部集中核算形式。

（二）会计账务处理程序

采用科目汇总表账务处理程序。每半个月编制一次科目汇总表。

（三）使用的会计制度

2006 年 2 月财政部颁布的《企业会计准则》。

（四）记账方法

借贷记账法。

（五）采用的记账凭证格式

通用记账凭证。

（六）账簿的开设

按照《企业会计准则》的规定，公司会计核算开设总分类账、明细分类账和日记账。其中：总分类账采用三栏式账页，日记账包括库存现金日记账和银行存款日记账，采用三栏式账页，其中：债权、债务、资本等账簿采用三栏式账页，存货等财产物资采用数量金额式账页，固定资产可采用卡片式账页，增值税等可采用专用多栏式账页，生产成本、管理费用、制造费用、财务费用等可采用多栏式账页账簿。

（七）会计报表的编制

按照《企业会计准则》的规定，公司统一编制资产负债表和利润表。

（八）库存现金限额

8 000 元。

（九）坏账损失核算的规定

坏账损失的核算采用“备抵法”，“坏账准备”的计提采用“应收账款余额百分比法”，提取比例为 6% 。本公司的“应收票据”和“其他应收款”按历史情况分析，发生坏账的概率较小，所以期末对“应收票据”和“其他应收款”的余额不计提坏账准备金。

（十）存货核算的规定

（1）材料、库存商品等按实际成本计价。入库时，根据材料入库单逐笔登记入库材料的成本；出库时，按月末一次加权平均法计算单位成本，其中发出存货的成本采用倒挤法计算，发出各种材料的计价误差挤入 MF6－5 型钻孔机的成本中。本企业材料、库存商品设置数量金额式明细账，由财会部门登记。

（2）周转材料等按实际成本计价。入库时，根据入库单逐笔登记入库包装物、低值易耗品的成本；周转材料领用时采用期末一次加权平均法计算其发出存货成本，其中发出包装物的成本采用倒挤法计算，计价误差挤入随货同行发出包装物成本中；包装物的摊销采用一次摊销法，低值易耗品价值的摊销采用五五摊销法。

（十一）固定资产核算的规定

（1）固定资产折旧计提采用平均年限法。

（2）固定资产折旧额采用月分类折旧率计算，其中：房屋建筑类月折旧率为 0.6%；机器设备类月折旧率为 0.8%；汽车及其他设备月折旧率为 0.7%。

（十二）无形资产核算的规定

无形资产采用直线法摊销，摊销年限分别为：专利权为 20 年、专有技术 10 年、商标权为 10 年、土地使用权为 50 年。

（十三）成本费用核算的规定

（1）产品成本计算按照公司生产经营的特点和成本管理的要求采用综合结转分步法（共分两步：第一步：生产 MF6－5 型钻孔机和 DA8－7 型开孔机毛坯；第二步：生产 MF6－5 型钻孔机和 DA8－7 型开孔机产成品两种）。第一步生产 MF6－5 型钻孔机毛坯和 DA8－7 型开孔机毛坯，完工时直接转入第二步生产的产成品，不设自制半成品，半成品无期初、期末在产品。产成品不要求进行成本还原。

（2）不同产品共同耗用同一种材料，采用定额耗用量比例法在不同产品之间进行分配。

DA8－7 型开孔机毛坯投产的产量 400 台，单位产品的材料铸铁费用定额 150 元，单位产品的材料生铁费用定额 300 元，MF6－5 型钻孔机毛坯投产的产量 800 台，单位产品的材料铸铁费用定额 55 元，单位产品的材料生铁费用定额 100 元。

（3）公司外购电力按照各受益单位用电度数进行分配，车间生产产品用电费用按照各个车间生产产品的定额工时比例在各个车间的各种产品之间进行分配。

（4）外购水费按照各个受益对象直接进行分配。

（5）辅助生产车间发生的一切费用均直接记入“生产成本——辅助生产成本”，月末按受益对象采用直接分配法。

（6）各个车间生产工人的工资，按照每种产品的定额工时比例在各种产品之间进行分配。

（7）工会经费、职工教育经费分别按当月工资总额的 2% 和 2.5% 计提。

（8）各个车间的制造费用按照各个车间产品定额工时比例在不同产品之间进行分配。

（9）月末在产品成本采用约当产量法进行计算，原材料在每道工序开始生产时一次投入，月末在产品平均完工程度为 50%。

(10) 各项成本费用分配率保留四位小数。

(11) 借款利息按月预提，按季支付。

(十四) 相关税费核算的规定

(1) 本公司为增值税一般纳税人，税率为17%。公司外购的材料、包装物、低值易耗品等以及销售的库存商品均为不含税价格。

(2) 城市维护建设税和教育费附加分别按照流转税额的7%和3%的比例计算缴纳。

(3) 企业所得税按月计提预缴，按年汇算清缴。会计处理按照资产负债表法，税率为25%；在计算应纳税所得额时，职工工资可以据实扣除，职工福利费据实扣除；职工教育经费及工会经费在2.5%和2%的范围内按实际发生额扣除；由公司承担并交纳的养老保险、医疗保险、失业保险、工伤保险、住房公积金等分别按上年度缴费职工月平均工资的10%、4%、2%、0.8%、10%计算，准予税前扣除。(假定本月职工工资与上年度月平均工资额相同)

(4) 职工个人所得税按照九级超额累进税率计算代扣代缴。计算个人所得税的工资免征额(即工资固定扣除额)为3 500元，由职工个人承担的养老保险、医疗保险、失业保险、住房公积金等分别按其本人上年月平均工资总额的10%、4%、2%、10%的比例计算，并允许税前扣除。

(5) 房产税、车船使用税、土地使用税按年征收。其中：房产税按房产原值扣除30%后的余额作为计税基础，税率为1.2%。房屋出租，以租金收入作为计税基础，税率为12%。土地使用税年应纳税额按8元/平方米计算；车船使用税按照安徽省规定计算。

(6) 所得税按月预缴，年度汇算清缴。

(十五) 利润及利润分配的规定

(1) 本公司的"本年利润"采用"账结法"计算。

(2) 年末公司按税后净利润的10%比例计提法定公积金。按税后净利润的5%比例计提任意盈余公积金。

(3) 年末公司税后分配给各个投资者的比例由公司董事会决定。把当年税后净利润提取法定公积金和任意盈余公积金后剩余利润的40%分配给各个投资者，按照各个投资者的投资比例进行分配，其中：华泰公司为60%，昌河公司为40%。

(十六) 核算的其他规定

(1) 在会计数据计算中，要求精确到小数点后两位，如果存在尾差，按业务需要进行调整。

(2) 会计岗位的操作规范按照财政部颁布的《会计基础工作规范》执行。

三、工业企业基本经济业务资料

(一) 总分类账和明细分类账期末余额

合肥乐安股份有限公司2017年11月30日总账、明细账期末余额及其他相关资料如下：

(1) 总分类账和明细分类账期末余额一览表(见表2-1)。

表 2-1　总分类账和明细分类账期末余额一览表

元

总账科目	明细账科目	借方余额	贷方余额	备注
库存现金		7 500.80		
银行存款	工行	6 481 441.72		
应收账款		1 558 890.80		
	建勋公司	640 000.00		
	红皖公司	868 890.80		
	青山公司	50 000.00		
坏账准备			75 533.45	
预付账款		1 450 000.00		
	泰安贸易公司	250 000.00		
	西南钢铁厂	1 200 000.00		
应收利息	工行	23 600.00		
原材料		2 205 307.52		
	铸铁	214 726.00		
	生铁	298 026.72		
	树脂	377 052.60		
	石英砂	585 502.20		
	电机	730 000.00		
生产成本		473 286.80		
	MF6-5 型钻孔机	224 080.00		
	DA8-7 型开孔机	249 206.80		
库存商品		2 517 637.40		
	MF6-5 型钻孔机	1 246 175.00		
	DA8-7 型开孔机	1 271 462.40		
周转材料		158 000.00		
	包装物（木箱）	78 000.00		1 300 个单价 60 元
	低值易耗品	80 000.00		
	工作服	16 000.00		200 套单价 80 元
	金属模具	64 000.00		500 件单价 128 元
固定资产		26 161 302.30		

续表

总账科目	明细账科目	借方余额	贷方余额	备注
	树脂砂设备	5 362 486.70		
	造型模具设备	6 346 065.00		
	汽车	1 208 600.00		
	建筑物	12 963 590.60		
	锅炉	200 000.00		
	其他	80 560.00		
累计折旧			8 377 870.65	
在建工程	厂房	4 367 856.75		
无形资产		7 095 461.95		
	专利权	5 162 461.95		
	商标权	883 000.00		
	土地使用权	1 050 000.00		
累计摊销			1 696 275.50	
其他应收款	应收职工水电费	12 365.00		
短期借款	工行		13 520 000.00	
应付票据	武汉机械公司		1 200 000.00	
应付账款			4 056 719.11	
	明光工厂		2 151 670.00	
	铜陵钢铁厂		1 850 668.88	
	合肥市自来水公司		10 206.00	
	合肥市供电公司		44 174.23	
应付职工薪酬			484 408.16	
	应付工会经费		15 000.00	
	应付社保费		38 174.76	
	离职后福利		42 416.40	
	应付工资		353 470.00	
	应付住房公积金		35 347.00	
应付利息	工行		207 856.00	
应交税费			552 817.90	

续表

总账科目	明细账科目	借方余额	贷方余额	备注
	应交所得税		166 534. 33	
	未交增值税		366 542. 50	
	应交城建税		10 680. 80	
	应交教育费附加		3 560. 27	
	应交印花税		5 500. 00	
其他应付款			41 347. 00	
	杨恒贵		6 000. 00	
	住房公积金		35 347. 00	
长期借款	工行		3 000 000. 00	
实收资本			12 000 000. 00	
	华泰公司		7 200 000. 00	
	昌河公司		4 800 000. 00	
资本公积			1 858 000. 00	
盈余公积			1 464 540. 00	
本年利润			1 839 380. 00	
利润分配	未分配利润		2 137 903. 27	
合计		52 512 651. 04	52 512 651. 04	

（2）“原材料”期初明细资料（见表2－2）。

表2－2 “原材料”期初明细资料

材料名称	计量单位	数量	单价/元	金额/元
铸铁	吨	50. 50	4 252. 00	214 726. 00
生铁	吨	80. 40	3 706. 80	298 026. 72
树脂	吨	150. 52	2 505. 00	377 052. 60
石英砂	吨	95. 60	6 124. 50	585 502. 20
电机	台	500	1 460. 00	730 000. 00
合 计				2 205 307. 52

（3）“库存商品”期初明细资料（见表2－3）。

表2－3 “库存商品”期初明细资料

商品名称	数量/台	单价/元	金额/元
MF6－5型钻孔机	350	3 560. 50	1 246 175. 00

续表

商品名称	数量/台	单价/元	金额/元
DA8 -7 型开孔机	312	4 075.20	1 271 462.40
合计			2 517 637.40

（4）“生产成本”期初明细资料（见表2 -4）。

表2 -4　“生产成本”期初明细资料

元

成本项目	直接材料	直接人工	制造费用	合计
MF6 -5 型钻孔机	144 030.00	50 950.00	29 100.00	224 080.00
DA8 -7 型开孔机	166 166.00	52 860.00	30 180.80	249 206.80
合计				473 286.80

（5）铸造车间 MF6 -5 型钻孔机毛坯及 DA8 -7 型开孔机毛坯月初月末均没有在产品。
（6）加工车间本月产品产量情况（台）（见表2 -5）。

表2 -5　加工车间本月产品产量情况

台

项目	月初在产品数量	本月投产	本月完工	月末在产品数量
MF6 -5 型钻孔机	160	800	750	200
DA8 -7 型开孔机	130	400	470	60

（二）12 月份经济业务

1.1 日，从工商银行提取现金 6 500 元。有关单据见凭证 1 -1。

凭证 1 -1

中国工商银行
现金支票存根（皖）
XIN00062525
附加信息：

出票日期：2017年12月1日
收款人：合肥乐安股份有限公司
金额：¥6 500.00
用途：备用
单位主管：　　　　会计：

2. 1 日，销售部陈伟去南京出差，预借差旅费 2 500 元。有关单据见凭证 2－1。

凭证 2－1

借 款 单

2017 年 12 月 1 日　　　　第 000126 号

借款部门	销售部	姓名	陈伟	事由	往南京市联系业务
借款金额（大写）	贰仟伍佰元零角零分				¥ 2 500.00
部门负责人签署	同意。余力	借款人签章	陈伟 2017. 12. 1	注意事项	
单位领导批示	同意。程宏	财务经理审核意见	同意。胡杨（现金付讫）		

第二联　记账联

3. 1 日，向西南钢铁厂购入生铁 50 吨，单价 4 000 元，增值税税率 17%，运费 2 500 元，增值税税率 11%。材料已验收入库，货款已预付。并已填制材料入库单。有关单据见凭证 3－1 至凭证 3－5。

凭证 3－1

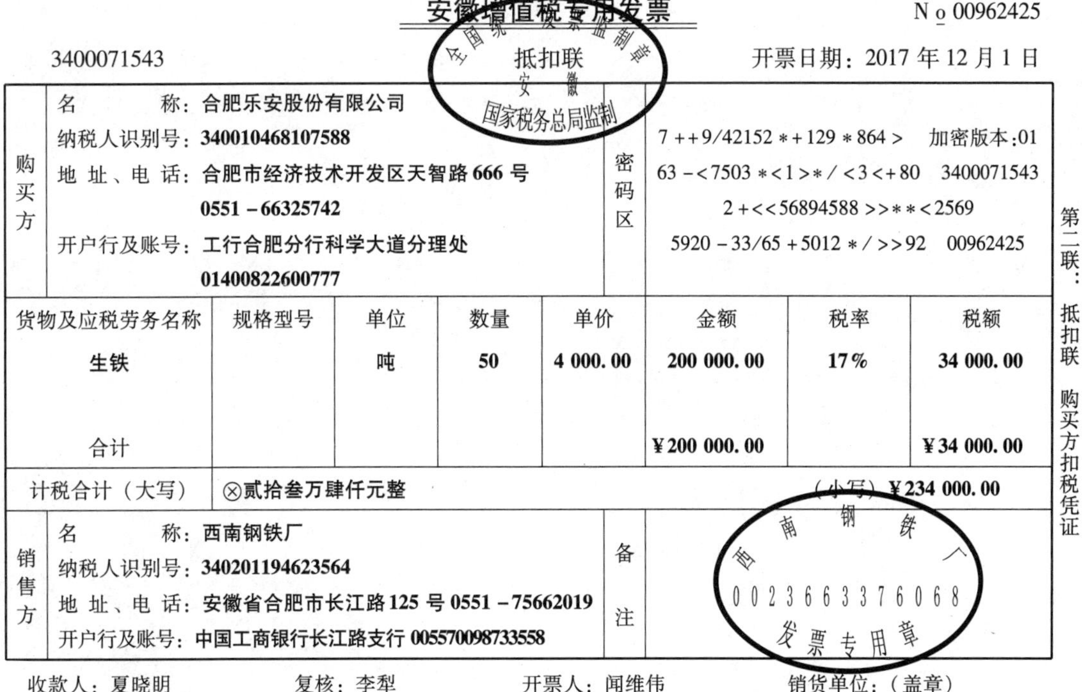

安徽增值税专用发票

N o 00962425

3400071543　　抵扣联　　开票日期：2017 年 12 月 1 日

购买方	名　　称：合肥乐安股份有限公司 纳税人识别号：340010468107588 地 址、电 话：合肥市经济技术开发区天智路 666 号 0551－66325742 开户行及账号：工行合肥分行科学大道分理处 01400822600777	密码区	7++9/42152**+129*864>　加密版本:01 63－<7503*<1>*/<3<+80　3400071543 2+<<56894588>>**<2569 5920－33/65+5012*/>>92　00962425

货物及应税劳务名称	规格型号	单位	数量	单价	金额	税率	税额
生铁		吨	50	4 000. 00	200 000. 00	17%	34 000. 00
合计					¥200 000. 00		¥34 000. 00
计税合计（大写）	⊗贰拾叁万肆仟元整					（小写）¥234 000. 00	

销售方	名　　称：西南钢铁厂 纳税人识别号：340201194623564 地 址、电 话：安徽省合肥市长江路 125 号 0551－75662019 开户行及账号：中国工商银行长江路支行 005570098733558	备注	（西南钢铁厂 00236633376068 发票专用章）

收款人：夏晓明　　复核：李犁　　开票人：闻维伟　　销货单位：（盖章）

第二联：抵扣联　购买方扣税凭证

凭证 3－2

安徽增值税专用发票

No 00962425

3400071543　　发票联　　开票日期：2017 年 12 月 1 日

购买方	名称：合肥乐安股份有限公司 纳税人识别号：340010468107588 地址、电话：合肥市经济技术开发区天智路 666 号 0551－66325742 开户行及账号：工行合肥分行科学大道分理处 01400822600777				密码区	7++9/42152**+129*864>　加密版本:01 63－<7503*<1>*/<3<+80　3400071543 2+<<56894588>>**<2569 5920－33/65+5012*/>>92　00962425		
货物及应税劳务名称	规格型号	单位	数量	单价	金额	税率	税额	
生铁		吨	50	4 000.00	200 000.00	17%	34 000.00	
合计					¥200 000.00		¥34 000.00	
计税合计（大写）	⊗贰拾叁万肆仟元整				（小写）¥234 000.00			
销售方	名称：西南钢铁厂 纳税人识别号：340201194623564 地址、电话：安徽省合肥市长江路 125 号 0551－75662019 开户行及账号：中国工商银行长江路支行 005570098733558				备注	西南钢铁厂 002366337606 8 发票专用章		

收款人：夏晓明　　复核：李犁　　开票人：闻维伟　　销货单位：（盖章）

第三联：发票联　购买方记账凭证

凭证 3－3

安徽增值税专用发票

No 00302500

3400071545　　抵扣联　　开票日期：2017 年 12 月 1 日

购买方	名称：合肥乐安股份有限公司 纳税人识别号：340010468107588 地址、电话：合肥市经济技术开发区天智路 666 号 0551－66325742 开户行及账号：工行合肥分行科学大道分理处 01400822600777				密码区	7++9/42152**+129*864>　加密版本:01 63－<7503*<1>*/<3<+80　3400071545 2+<<56894588>>**<2569 5920－33/65+5012*/>>92　00302500		
货物及应税劳务名称	规格型号	单位	数量	单价	金额	税率	税额	
运费		公里	500	5.00	2 500.00	11%	275.00	
合计					¥2 500.00		¥275.00	
计税合计（大写）	⊗贰仟柒佰柒拾伍元整				（小写）¥2 775.00			
销售方	名称：九华物流公司 纳税人识别号：540106718540270 地址、电话：安徽省合肥市金陵路 0551－544610623 开户行及账号：中国工商银行金陵区支行 005570098722669				备注	九华物流公司 6323145647 76 发票专用章		

收款人：夏晓明　　复核：唐荣　　开票人：陈斌　　销货单位：（盖章）

第二联：抵扣联　购买方扣税凭证

凭证 3－4

安徽增值税专用发票

全国统一发票监制章 发票联 安徽 国家税务总局监制

No 00302500

3400071545　　　　开票日期：2017 年 12 月 1 日

购买方	名　　称：合肥乐安股份有限公司 纳税人识别号：340010468107588 地 址、电 话：合肥市经济技术开发区天智路 666 号 0551－66325742 开户行及账号：工行合肥分行科学大道分理处 01400822600777	密码区	7＋＋9/42152＊＋129＊864 > 加密版本:01 63－<7503＊<1>＊/<3<＋80 3400071545 2＋<<56894588>>＊＊<2569 5920－33/65＋5012＊/>>92 00302500

货物及应税劳务名称	规格型号	单位	数量	单价	金额	税率	税额
运费		公里	500	5.00	2 500.00	11%	275.00
合计					¥2 500.00		¥275.00
计税合计（大写）	⊗贰仟柒佰柒拾伍元整				（小写）¥2 775.00		

销售方	名　　称：九华物流公司 纳税人识别号：540106718540270 地 址、电 话：安徽省合肥市金陵路 0551－544610623 开户行及账号：中国工商银行金陵区支行 005570098722669	备注	九华物流公司 632314564776 发票专用章

收款人：夏晓明　　复核：唐荣　　开票人：陈斌　　销货单位：（盖章）

第三联：发票联 购买方记账凭证

凭证 3－5

材料入库单

2017 年 12 月 1 日　　　　单号：000117

交来单位及部门	西南钢铁厂	发票号码或生产单号码		00962425	验收仓库	第一仓库	入库日期	2017 年 12 月 1 日	
编码	名称及规格	单位	数量		实际成本				
			交库	实收	单价	金额	运输费	合计	单位成本
	生铁	吨	50	50	4 000.00	20 000.00			

部门经理：　　会计：汪越　　仓库：刘文辉　　经办人：苗小惠

第二联 记账联

4. 2 日，以工行存款支付广告费 159 000 元。有关单据见凭证 4 - 1 至凭证 4 - 3。

凭证 4 - 1

中国工商银行

转账支票存根（皖）

XIN00081011

附加信息：

出票日期：2017年12月2日

收款人：合肥市扬名广告公司
金额：¥159 000.00
用途：支付广告费

单位主管：　　　会计：

凭证 4 - 2

安徽增值税专用发票　　　　N o 00302500

3400071543　　　　抵扣联　　　　开票日期：2017 年 12 月 2 日

购买方	名　　称：合肥乐安股份有限公司 纳税人识别号：340010468107588 地 址、电 话：合肥市经济技术开发区天智路 666 号 0551 - 66325742 开户行及账号：工行合肥分行科学大道分理处 01400822600777	密码区	7 + + 9/42152 * + 129 * 864 >　加密版本:01 63 - < 7503 * < 1 > * / < 3 < + 80　3400071543 2 + < < 56894588 > > * * < 2569 5920 - 33/65 + 5012 * / > > 92　00302500

货物及应税劳务名称	规格型号	单位	数量	单价	金额	税率	税额
产品广告费				80 000.00	80 000.00	6%	4 800.00
产品广告费				70 000.00	70 000.00	6%	4 200.00
合计					¥150 000.00		¥9 000.00
价税合计（大写）	⊗壹拾伍万玖仟元整				（小写）¥159 000.00		

销售方	名　　称：合肥市扬名广告公司 纳税人识别号：340201194623564 地 址、电 话：安徽省合肥市长江路 125 号 0551 - 75662019 开户行及账号：中国工商银行长江路支行 005570098733558	备注	合肥市扬名广告公司 522416600877 发票专用章

收款人：夏晓明　　　复核：李犁　　　开票人：闻维伟　　　销货单位：（盖章）

第二联：抵扣联　购买方抵扣凭证

凭证 4 - 3

安徽增值税专用发票

N o 00302500

发票联

3400071543　　　　开票日期：2017 年 12 月 2 日

购买方	名称：合肥乐安股份有限公司 纳税人识别号：340010468107588 地址、电话：合肥市经济技术开发区天智路 666 号 0551 - 66325742 开户行及账号：工行合肥分行科学大道分理处 01400822600777	密码区	7 + + 9/42152 * * + 129 * 864 > 加密版本:01 63 - < 7503 * < 1 > * / < 3 < + 80 3400071543 2 + < < 56894588 > > * * < 2569 5920 - 33/65 + 5012 * / > > 92 00302500

货物及应税劳务名称	规格型号	单位	数量	单价	金额	税率	税额
产品广告费				80 000.00	80 000.00	6%	4 800.00
产品广告费				70 000.00	70 000.00	6%	4 200.00
合计					¥150 000.00		¥9 000.00
计税合计（大写）	⊗壹拾伍万玖仟元整				（小写）¥159 000.00		

销售方	名称：合肥市扬名广告公司 纳税人识别号：340201194623564 地址、电话：安徽省合肥市长江路 125 号 0551 - 75662019 开户行及账号：中国工商银行长江路支行 00557009873558	备注	

收款人：夏晓明　　复核：李犁　　开票人：闻维伟　　销货单位：（盖章）

第三联：发票联　购买方记账凭证

5. 2 日，收到红皖公司前欠货款 80 万元。有关单据见凭证 5 - 1。

凭证 5 - 1

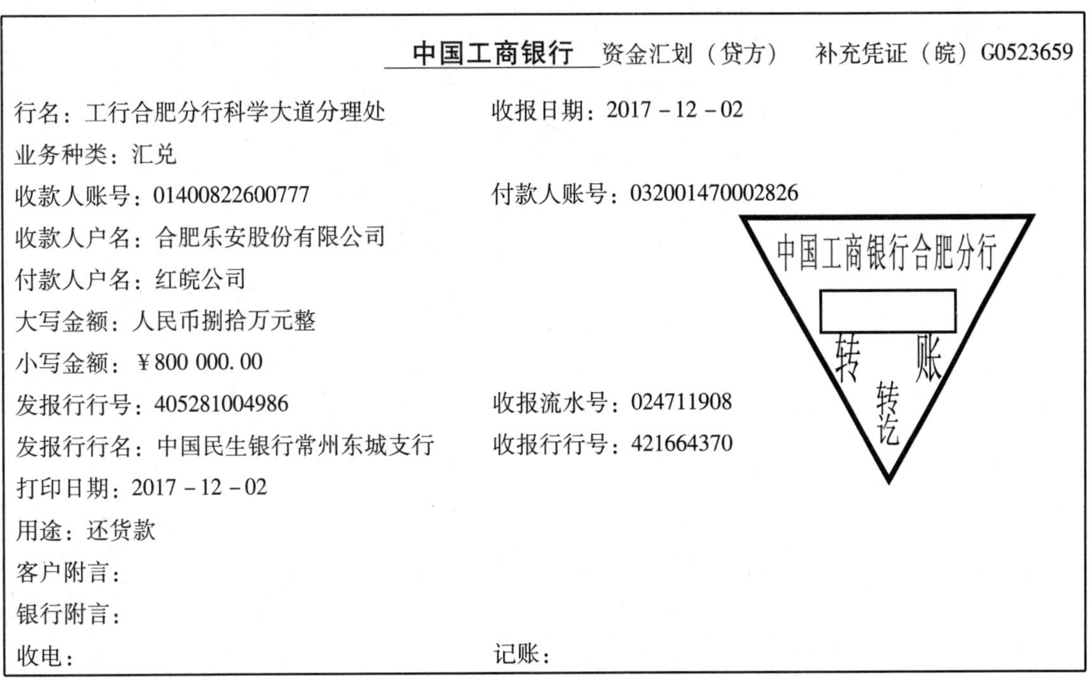

中国工商银行　资金汇划（贷方）　补充凭证（皖）G0523659

行名：工行合肥分行科学大道分理处　　收报日期：2017 - 12 - 02

业务种类：汇兑

收款人账号：01400822600777　　付款人账号：032001470002826

收款人户名：合肥乐安股份有限公司

付款人户名：红皖公司

大写金额：人民币捌拾万元整

小写金额：¥800 000.00

发报行行号：405281004986　　收报流水号：024711908

发报行行名：中国民生银行常州东城支行　　收报行行号：421664370

打印日期：2017 - 12 - 02

用途：还货款

客户附言：

银行附言：

收电：　　记账：

6.2 日，向兴隆公司销售 MF6－5 型钻孔机 100 台，单价 5 300 元，增值税税率 17%，领用不单独计价木箱 100 只。代垫运杂费 950 元，以现金支付，收到转账支票一张。有关单据见凭证 6－1 至凭证 6－4。

凭证 6－1

产品销售出库单

购货单位：兴隆公司　　　　2017 年 12 月 2 日　　　　No. 0022635

品名	单位	单价	数量	金额	备注
MF6－5 型钻孔机	台		100		
木箱	只		100		
合计					
购货方采购员签字：胡显魏					

第二联　记账联

记账：汪越　　　　发货：刘文辉　　　　制单：苗小惠

凭证 6－2

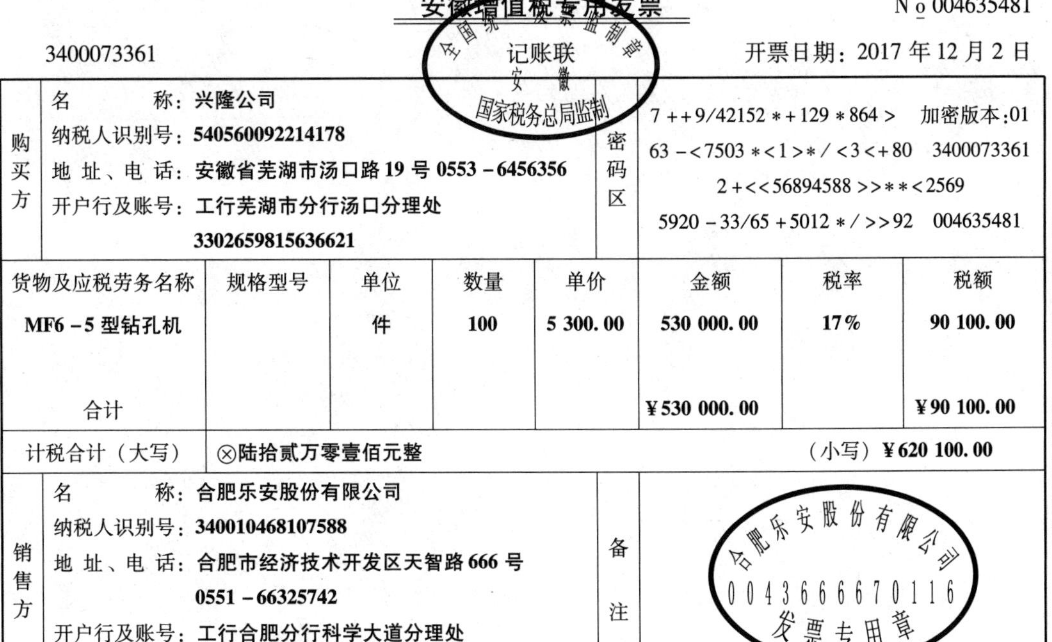

安徽增值税专用发票　　　　No 004635481

3400073361　　　　记账联　　　　开票日期：2017 年 12 月 2 日

全国统一发票监制章　安徽　国家税务总局监制

购买方	名称：兴隆公司 纳税人识别号：540560092214178 地址、电话：安徽省芜湖市汤口路 19 号 0553－6456356 开户行及账号：工行芜湖市分行汤口分理处 3302659815636621	密码区	7++9/42152**+129*864>　加密版本:01 63-<7503*<1>*/<3<+80　3400073361 2+<<56894588>>**<2569 5920-33/65+5012*/>>92　004635481

货物及应税劳务名称	规格型号	单位	数量	单价	金额	税率	税额
MF6－5 型钻孔机		件	100	5 300.00	530 000.00	17%	90 100.00
合计					¥530 000.00		¥90 100.00
价税合计（大写）	⊗陆拾贰万零壹佰元整				（小写）¥620 100.00		

销售方	名称：合肥乐安股份有限公司 纳税人识别号：340010468107588 地址、电话：合肥市经济技术开发区天智路 666 号 0551－66325742 开户行及账号：工行合肥分行科学大道分理处 01400822600777	备注	合肥乐安股份有限公司 00436666670116 发票专用章

第一联：记账联　销售方记账凭证

收款人：张敏　　　　复核：胡杨　　　　开票人：闵福鑫　　　　销货单位：（盖章）

凭证 6－3

合肥乐安股份有限公司往来账通知单

客户：兴隆公司　　　　　　　　No 00220918

摘要	百	十	万	千	百	十	元	角	分
代垫 MF6－5 型钻孔机运费（附运费单 No. 0812667）					8	0	0	0	0
代垫 MF6－5 型钻孔机装车费（附装卸车费单 No. 0052478）					1	5	0	0	0
合计（大写）：人民币玖佰伍拾元整				¥	9	5	0	0	0
备注：代垫运杂费原始单据已交兴隆公司									

第三联　记账联

划账单位：（盖章）　　会计主管：胡杨　　出纳：张敏　　制单：闵鑫福

凭证 6－4

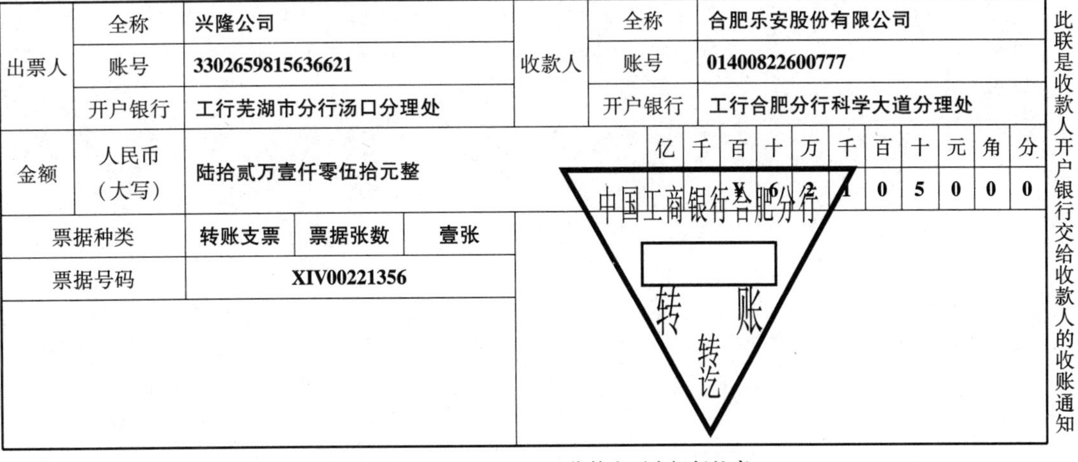

中国工商银行　进账单（收账通知）　3

2017 年 12 月 2 日　　　　No. 0092052

出票人	全称	兴隆公司	收款人	全称	合肥乐安股份有限公司
	账号	3302659815636621		账号	01400822600777
	开户银行	工行芜湖市分行汤口分理处		开户银行	工行合肥分行科学大道分理处
金额	人民币（大写）	陆拾贰万壹仟零伍拾元整	亿 千 百 十 万 千 百 十 元 角 分		¥ 6 2 1 0 5 0 0 0
票据种类	转账支票	票据张数 壹张			
票据号码	XIV00221356				

此联是收款人开户银行交给收款人的收账通知

复核：　　记账：　　收款人开户银行签章：

7.2 日，以工行存款支付铸造车间维修费 4 095 元。有关单据见凭证 7－1 至凭证 7－3。

凭证 7－1

中国工商银行　业务委托书　　3

INDUSTRIAL AND COMMERCIAL BANK OF CHINA　　APPLICATION FOR MONEY TPANSEFER

委托日期 DATE 2017 年 12 月 2 日　　皖 A 01253655

<table>
<tr><td colspan="2">银行打印</td><td colspan="14"></td></tr>
<tr><td rowspan="5">客户填写</td><td colspan="2">业务类型
TPYE</td><td colspan="13">☑电汇 T/T　□信汇 M/T　□汇票申请书 D/D　汇款方式：　□普通　□加急
□本票申请书 P/D　□其他 OTHERS　TPYE OF REMITTANCE REGULA URGENT</td></tr>
<tr><td rowspan="4">委托人 APPLICANT</td><td>全称
FULL NAME</td><td>合肥乐安股份有限公司</td><td rowspan="4">收款人 PAYEE</td><td colspan="6">全称
FULL NAME</td><td colspan="4">芜湖顺达机修公司</td></tr>
<tr><td>账号或地址
ACCOUNT NO. OR ADDRESS</td><td>1400822600777</td><td colspan="6">账号或地址
ACCOUNT NO. OR ADDRESS</td><td colspan="4">004300913363127</td></tr>
<tr><td>开户行名称
ACCOUNT BANK NAME</td><td>工行合肥分行科学大道分理处</td><td colspan="6">开户行名称
ACCOUNT BANK NAME</td><td colspan="4">工行芜湖市镜湖路支行</td></tr>
<tr><td>开户银行
ACCOUNT BANK NAME</td><td>安徽省　合肥市
PROVINCE CITY</td><td colspan="6">开户银行
ACCOUNT BANK NAME</td><td colspan="4">安徽省　芜湖市
PROVINCE CITY</td></tr>
<tr><td colspan="4" rowspan="2">金额（大写）人民币
AMOUNT IN WORDS RMB　肆仟零玖拾伍元整</td><td>百</td><td>十</td><td>万</td><td>千</td><td>百</td><td>十</td><td>元</td><td>角</td><td>分</td></tr>
<tr><td></td><td></td><td>¥</td><td>4</td><td>0</td><td>9</td><td>5</td><td>0</td><td>0</td></tr>
<tr><td colspan="4">支付密码
S. C</td><td colspan="9" rowspan="3">上述款项及相关费用请从我账户内支付
the above remittance and relate charges are to be draw on my account.

客户签章 Applicant signature and/or stamp.
（加盖预留银行签章）</td></tr>
<tr><td colspan="4">加急汇款签字
SIGNATURE FOR URGENT PAYMENT</td></tr>
<tr><td colspan="4">附加信息及用途
MESSAGE AND PURPOSE</td></tr>
</table>

中国工商银行合肥分行 转账 转讫

事后签章：　　会计主管：　　复核：　　记账：

注：本业务委托书一式三联：第一联记账联，交银行；第二联发报或出票依据，交银行；第三联回单联，银行盖章后退回给企业据以入账。

凭证 7－2

安徽增值税专用发票

全国统一发票监制章 安徽 国家税务总局监制

抵扣联

No 00962425

3400071543　　　　开票日期：2017 年 12 月 2 日

<table>
<tr><td rowspan="2">购买方</td><td colspan="4">名　　称：合肥乐安股份有限公司
纳税人识别号：340010468107588
地 址、电 话：合肥市经济技术开发区天智路 666 号
0551－66325742
开户行及账号：工行合肥分行科学大道分理处
01400822600777</td><td>密码区</td><td colspan="3">7++9/42152**+129*864>　加密版本:01
63－<7503*<1>*/<3<+80　3400071543
2+<<56894588>>**<2569
5920－33/65+5012*/>>92　00962425</td></tr>
</table>

货物及应税劳务名称	规格型号	单位	数量	单价	金额	税率	税额
维修费					3 500.00	17%	595.00
合计					¥3 500.00		¥595.00
计税合计（大写）	⊗肆仟零玖拾伍元整				（小写）¥4 095.00		

<table>
<tr><td>销售方</td><td>名　　称：芜湖顺达机修公司
纳税人识别号：540560092214178
地 址、电 话：安徽省芜湖市长江中路 125 号 0553－75662019
开户行及账号：工行芜湖市镜湖路支行 3302659815631114</td><td>备注</td><td>芜湖顺达机修公司
0043009133363127
发票专用章</td></tr>
</table>

收款人：夏晓明　　复核：李犁　　开票人：闻维伟　　销货单位：（盖章）

第二联：抵扣联　购买方扣税凭证

凭证 7－3

安徽增值税专用发票

全国统一发票监制章 安徽 国家税务总局监制

发票联

No 00962425

3400071543　　　　开票日期：2017 年 12 月 2 日

<table>
<tr><td>购买方</td><td>名　　称：合肥乐安股份有限公司
纳税人识别号：340010468107588
地 址、电 话：合肥市经济技术开发区天智路 666 号
0551－66325742
开户行及账号：工行合肥分行科学大道分理处
01400822600777</td><td>密码区</td><td>7++9/42152**+129*864>　加密版本:01
63－<7503*<1>*/<3<+80　3400071543
2+<<56894588>>**<2569
5920－33/65+5012*/>>92　00962425</td></tr>
</table>

货物及应税劳务名称	规格型号	单位	数量	单价	金额	税率	税额
维修费					3 500.00	17%	595.00
合计					¥3 500.00		¥595.00
计税合计（大写）	⊗肆仟零玖拾伍元整				（小写）¥4 095.00		

<table>
<tr><td>销售方</td><td>名　　称：芜湖顺达机修公司
纳税人识别号：540560092214178
地 址、电 话：安徽省芜湖市长江中路 125 号 0553－75662019
开户行及账号：工行芜湖市镜湖路支行 3302659815631114</td><td>备注</td><td>芜湖顺达机修公司
0043009133363127
发票专用章</td></tr>
</table>

收款人：夏晓明　　复核：李犁　　开票人：闻维伟　　销货单位：（盖章）

第三联：发票联　购买方记账凭证

8. 2 日，原材料发出。有关单据见凭证 8 – 1。

凭证 8 – 1

材料出库单

领用单位：铸造车间　　　　2017 年 12 月 2 日　　　　No. 0958

品名	单位	单价	数量	金额	备注
生铁	吨		40		生产产品毛坯用
铸铁	吨		15		生产产品毛坯用

第二联　记账联

仓管员：王亮　　　　经手人：刘春

9. 3 日，向上海金运公司销售 DA8 – 7 型开孔机 60 台，单价 14 200 元，增值税税率 17%，领用不单独计价木箱 60 只。已向银行办妥托收手续，以转账支票垫付运杂费 2 200 元。有关单据见凭证 9 – 1 至凭证 9 – 5。

凭证 9 – 1

安徽增值税专用发票

No 004635482

3400073362　　　　记账联　　　　开票日期：2017 年 12 月 3 日

购买方	名　　称：上海金运公司 纳税人识别号：109883342890225 地 址、电 话：上海市淮海路 3828 号 021 – 87536653 开户行及账号：工行淮海路支行 510265891467809	密码区	7 ++9/42152 **+129 *864 > 加密版本:01 63 –<7503 *<1>*/<3<+80 3400073362 2 +<<56894588 >>**<2569 5920 – 33/65 +5012 */>>92 004635482

货物及应税劳务名称	规格型号	单位	数量	单价	金额	税率	税额
DA8 –7 型开孔机		台	60	14 200. 00	852 000. 00	17%	144 840. 00
合计					¥852 000. 00		¥144 840. 00
计税合计（大写）	⊗玖拾玖万陆仟捌佰肆拾元整						（小写）¥996 840. 00

销售方	名　　称：合肥乐安股份有限公司 纳税人识别号：340010468107588 地 址、电 话：合肥市经济技术开发区天智路 666 号 0551 –66325742 开户行及账号：工行合肥分行科学大道分理处 01400822600777	备注	合肥乐安股份有限公司 004366670116 发票专用章

第一联：记账联　销售方记账凭证

收款人：张敏　　　　复核：胡杨　　　　开票人：闵鑫福　　　　销货单位：（盖章）

凭证 9－2

合肥乐安股份有限公司往来账通知单

客户：上海金运公司　　　　2017 年 12 月 3 日　　　　No 00220919

摘要	金额								
	百	十	万	千	百	十	元	角	分
代垫 DA8－7 型开孔机运费（附运费单 No. 0012569）				1	8	0	0	0	0
代垫 DA8－7 型开孔机装车费（附装卸车费单 No. 0012569）					4	0	0	0	0
合计（大写）：人民币贰仟贰佰元整			¥	2	2	0	0	0	0
备注：代垫运杂费原始单据已交上海金运公司									

第三联 记账联

合肥乐安股份有限公司 财务专用章　　转账付讫

划账单位：（盖章）　　会计主管：胡杨　　出纳：张敏　　制单：闵鑫福

凭证 9－3

中国工商银行

转账支票存根（皖）

XIN00081012

附加信息：

出票日期：2017年12月3日

收款人：合肥汽车运输公司
金额：¥2 200.00
用途：垫支上海金运公司运杂费

单位主管：　　　会计：

合肥乐安股份有限公司 财务专用章

凭证 9－4

托收凭证（受理回单）　　　　1

委托日期 2017 年 12 月 3 日　　　　（白纸蓝油墨）

业务类型	委托收款（☑邮划、□电划）托收承付（□邮划、□电划）																
付款人	全称	上海金运公司			收款人	全称	合肥乐安股份有限公司										
	账号	510265891467809				账号	01400822600777										
	地址	上海市	开户行	淮海路支行		地址	安徽省合肥市	开户行	工行天智路科学大道分理处								
金额	人民币（大写）玖拾玖万玖仟零肆拾元整						亿	千	百	十	万	千	百	十	元	角	分
									¥	9	9	9	0	4	0	0	0
款项内容	DA8－7 型开孔机款	托收凭据名称	销售发票、运输费单据		附寄单据张数	5 张											
商品发运情况	货已发运				合同名称号码	购销合同 07－0135 号											
备注	收款人签章				复核：　记账：												
收款人开户银行收到日期： 2017 年 12 月 3 日																	

中国工商银行股份有限公司 合肥分行科学大道分理处 2017-12-03 票据受理专用章

此联收款人开户银行作贷方凭证

凭证 9 – 5

产品销售出库单

购货单位：上海金运公司　　　　2017 年 12 月 3 日　　　　NO：0022636

品名	单位	单价	数量	金额	备注
DA8 – 7 型开孔机	台		60		
木箱	只		60		
购货方采购员签字：江元					

第二联　记账联

记账：汪越　　　　发货：刘文辉　　　　制单：苗小惠

10. 3 日，随同商品出售出租包装木箱，取得租金收入 4 000 元，押金 26 000 元，已存入银行。有关单据见凭证 10 – 1 至凭证 10 – 4。

凭证 10 – 1

现金存款凭证（回单）

交款日期：2017 年 12 月 3 日　　　　No. 0023659

<table>
<tr><td colspan="2">款项来源</td><td colspan="3">包装木箱租金</td><td colspan="3">收款单位名称</td><td colspan="8">合肥乐安股份有限公司</td></tr>
<tr><td colspan="2">现金计划项目</td><td colspan="3"></td><td colspan="3">收款单位账号</td><td colspan="8">01400822600777</td></tr>
<tr><td colspan="2"></td><td colspan="3"></td><td colspan="3">收款单位开户行</td><td colspan="8">工行合肥分行科学大道分理处</td></tr>
<tr><td colspan="2" rowspan="2">人民币（大写）</td><td colspan="6" rowspan="2">叁万元整</td><td>十</td><td>万</td><td>千</td><td>百</td><td>十</td><td>元</td><td>角</td><td>分</td></tr>
<tr><td>¥</td><td>3</td><td>0</td><td>0</td><td>0</td><td>0</td><td>0</td><td>0</td></tr>
<tr><td>券别</td><td>张数</td><td>金额</td><td>券别</td><td>张数</td><td>金额</td><td>券别</td><td>张数</td><td>金额</td><td colspan="8" rowspan="6">上述现金收讫无误
收款员　谢明</td></tr>
<tr><td>壹佰元</td><td>300</td><td>30 000</td><td>贰元</td><td></td><td></td><td>伍分</td><td></td><td></td></tr>
<tr><td>伍拾元</td><td></td><td></td><td>壹元</td><td></td><td></td><td>贰分</td><td></td><td></td></tr>
<tr><td>贰拾元</td><td></td><td></td><td>伍角</td><td></td><td></td><td>壹分</td><td></td><td></td></tr>
<tr><td>壹拾元</td><td></td><td></td><td>贰角</td><td></td><td></td><td></td><td></td><td></td></tr>
<tr><td>伍元</td><td></td><td></td><td>壹角</td><td></td><td></td><td></td><td></td><td></td></tr>
</table>

中国工商银行合肥分行　转账　转讫

凭证 10－2

安徽增值税专用发票　　　　No 004635483

3400071543　　　　记账联　　　　开票日期：2017 年 12 月 3 日

购买方	名　　称：合肥桃花园贸易公司 纳税人识别号：3409311266786 地址、电话：安徽省合肥市长江路 125 号 0551－75662019 开户行及账号：中国工商银行长江路支行 005570098733558				密码区	7++9/42152 * +129 * 864 > 加密版本:01 63－<7503 * <1 > * / <3 < +80 3400071543 2+<<56894588 >> * * <2569 5920－33/65+5012 * / >>92 004635482		
货物及应税劳务、服务名称	规格型号	单位	数量	单价	金额	税率	税额	
出租包装物		个	400	9.43	3 773.58	6%	226.42	
合计					¥3 773.58		¥226.42	
计税合计（大写）	⊗肆仟元整					（小写）¥4 000.00		
销售方	名　　称：合肥乐安股份有限公司 纳税人识别号：340010468107588 地址、电话：合肥市经济技术开发区天智路 666 号 0551－66325742 开户行及账号：工行合肥分行科学大道分理处 01400822600777				备注	合肥乐安股份有限公司 0043666670116 发票专用章		

收款人：张敏　　复核：胡杨　　开票人：闵鑫福　　销货单位：（盖章）

第一联：记账联　销售方记账凭证

凭证 10－3

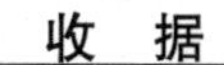

收　据

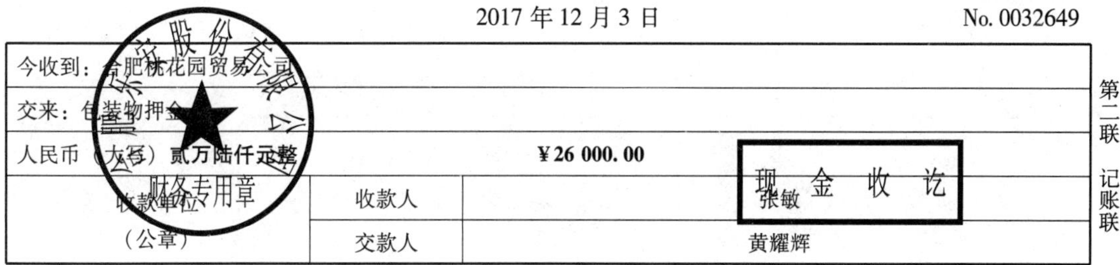

2017 年 12 月 3 日　　　　No. 0032649

今收到：合肥桃花园贸易公司		
交来：包装物押金		
人民币（大写）贰万陆仟元整	¥26 000.00	
收款单位（公章）	收款人	张敏
	交款人	黄耀辉

合肥乐安股份有限公司 财务专用章　　现金收讫

第二联　记账联

凭证 10－4

材料出库单

领用单位：销售部　　　　2017 年 12 月 3 日　　　　No. 0959

品名	单位	单价	数量	金额	备注
木箱	只		400		出租
合计			400		

仓管员：王亮　　　　制单：张伟

第二联　记账联

11. 3 日，应付武汉机械厂的商业承兑汇票已到期，以存款支付 90 万元。有关单据见凭证 11－1、凭证 11－2。

凭证 11－1

托收凭证（付款通知） 5

委托日期：2017 年 11 月 25 日　　付款期限：2017 年 12 月 3 日

业务类别	委托收款（□邮划 ☑电划）托收承付（□邮划 □电划）					
付款人	全称	合肥乐安股份有限公司	收款人	全称	武汉机械公司	
	账号	01400822600777		账号	421089890046630	
	地址	安徽省合肥市　开户行　工行合肥分行科学大道分理处		地址	武汉市　开户行　工行文化路支行	
金额	人民币（大写）	玖拾万元整	千 百 十 万 千 百 十 元 角 分	¥ 9 0 0 0 0 0 0 0		
款项内容	材料款	托收凭据名称	商业承兑汇票 00000351 号	附寄单据张数	壹张	
商品发运情况				合同名称号码		
备注：付款人开户银行收到日期 2017 年 11 月 30 日		付款人开户银行签章 2017 年 12 月 3 日	中国工商银行合肥分行 转 账 转讫	付款人注意：1. 根据支付结算办法，上列委托收款（托收承付）款项在付款期限内未提出拒付，即视为同意付款，以此代付款通知。2. 如需提出全部或部分拒付，应在规定期限内，将拒付理由书并附债务证明退交开户银行。		

此联付款人开户银行给付款人按时付款通知

凭证 11－2

商业承兑汇票（卡片） 1

出票日期（大写）　贰零壹柒年零壹拾月零玖日　　$\frac{A}{0}$ $\frac{A}{1}$ 00030512

付款人	全称	合肥乐安股份有限公司	收款人	全称	武汉机械公司
	账号	01400822600777		账号	421089890046630
	开户银行	工行合肥分行科学大道分理处		开户银行	工行武汉市文化路支行
出票金额	人民币（大写）	玖拾万元整	亿 千 百 十 万 千 百 十 元 角	¥ 9 0 0 0 0 0 0	
汇票到期日（大写）	贰零壹柒年零壹拾贰月零叁日		付款人开户行	行号	321564125
交易合同号码	2017－387 号			地址	工行合肥分行科学大道分理处
本汇票已经承兑，到期无条件支付票款。合肥乐安股份有限公司 财务专用章 张敏印 承兑人签章 承兑日期			本汇票请予以承兑于到期日付款 合肥乐安股份有限公司 财务专用章 张敏印 出票人签章		

此联持票人开户行随托收凭证寄付款人开户行作借方凭证附件

12. 3 日，发出原材料。见凭证 12 －1、凭证 12 －2。

凭证 12 －1

材料出库单

领用单位：加工车间　　　　2017 年 12 月 3 日　　　　No. 0960

品名	单位	单价	数量	金额	备注
树脂	吨		40		生产开孔机
石英砂	吨		20		生产开孔机

第二联　记账联

仓管员：王亮　　　　经手人：刘春

凭证 12 －2

材料出库单

领用单位：加工车间　　　　2017 年 12 月 3 日　　　　No. 0961

品名	单位	单价	数量	金额	备注
树脂	吨		50		生产钻孔机
石英砂	吨		30		生产钻孔机

第二联　记账联

仓管员：王亮　　　　经手人：刘春

13. 4 日，交纳上月增值税 366 542. 50 元。有关单据见凭证 13 －1。

凭证 13 －1

中华人民共和国税收通用缴款书

纳税人编号：013007755465

隶属关系　　　　（2017）皖国缴电

注册类型：有限责任公司　　填发日期：2017 年 12 月 04 日　征收机关：合肥市国家税务局直属分局

缴款单位（人）			预算科目		
	代号	340873456109		编号	101010103
	全称	合肥乐安股份有限公司		名称	工业企业增值税
	开户银行	工行合肥分行科学大道分理处		级次	中央 75% 县区 25%
	账号	01400822600777		收款国库	工行合肥分行中央与地方共享收入 534000000023

税款所属时间：2017 年 11 月 1 日至 2017 年 11 月 30 日　税款限缴日期：2017 年 12 月 18 日

品目名称	课税数量	计税金额或销售收入	税率或单位税率	已缴或扣除额	实缴金额
工业（17%）	4 560 760. 00	17%	108 786. 70	366 542. 50	
金额合计	人民币（大写）叁拾陆万陆仟伍佰肆拾贰元伍角整				¥366 542. 50
缴款单位（人）（盖章）经办人（章）	税务机关（盖章）填票人（章）	上列款项已收妥并划转收款单位账户 国库（银行）盖章 年 月 日			备注 一般申报 国税 20122800068 安徽省国家税务局

第一联（收据）国库（银行）收款盖章后退缴款单位

14. 4 日，交纳上月城建税 10 680. 80 元、教育费附加 3 560. 27 元。有关单据见凭证 14 － 1。

凭证 14 － 1

中国工商银行（　科学大道　　）　分行电子缴税付款凭证

转账日期：2017 － 12 － 04　　　　凭证字号：7015564560

纳税人全称及纳税人识别号：	合肥乐安股份有限公司 340883456119		
付款人全称：	合肥乐安股份有限公司		
付款人账号：	014008220600777	征收机关名称：	合肥市经济开发区地方税务局
付款人开户银行：	工行合肥分行科学大道分理处	收款国库（银行）名称：	工行合肥市分行天智路分理处
小写（合计）金额：	¥14 241. 07	缴款书交易流水号：	35008087902555 4473
大写（合计）金额：	壹万肆仟贰佰肆拾壹元零柒分	税票号码：	9100985804
税（费）种名称	所属日期		实缴金额
教育费附加收入——其他单位（附加）	2017 － 11 － 01 至 2017 － 11 － 30		¥3 560. 27
城市维护建设税——所在地为市区的建设税	2017 － 11 － 01 至 2017 － 11 － 30		¥10 680. 80

第二联　作付款回单（无银行收讫章无效）

会计流水号：　　　　复核：　　　　记账：

15. 4 日，缴纳上月应交印花税 5 500 元。有关单据见凭证 15 － 1、凭证 15 － 2。

凭证 15 － 1

中国工商银行（　科学大道　　）　分行电子缴税付款凭证

转账日期：2017 － 12 － 04　　　　凭证字号：6102333628

纳税人全称及纳税人识别号：	合肥乐安股份有限公司 340883456119		
付款人全称：	合肥乐安股份有限公司		
付款人账号：	014008220600777	征收机关名称：	合肥市经济开发区地方税务局
付款人开户银行：	工行合肥分行科学大道分理处	收款国库（银行）名称：	工行合肥市分行光复路分理处
小写（合计）金额：	¥5 500. 00	缴款书交易流水号：	35008087902555 4315
大写（合计）金额：	伍仟伍佰元整	税票号码：	9105335137
税（费）种名称	所属日期		实缴金额
印花税　仓储保管合同	2017 － 11 － 01 至 2017 － 11 － 30		¥1 000. 00
购销合同	2017 － 11 － 01 至 2017 － 11 － 30		¥4 500. 00

第二联　作付款回单（无银行收讫章无效）

中国工商银行合肥分行　2017.12.04　业务受理章

会计流水号：　　　　复核：　　　　记账：

凭证 15－2

印花税纳税申报表

填报日期：2017 年 12 月 4 日　　　　日申报流水号：340216348933546545

纳税人登记号 340709900143587015　　　　税费所属期 2014 年 11 月 1 日至 2017 年 11 月 30 日

纳税人电脑 01307804367　　　　管理机关

正常申报□　自行申报□　稽查自查申报□　延期申报预缴□　　单位：元（至角分）

纳税人名称（盖章）	合肥乐安股份有限公司	注册地址	市经开区临海路 46 号	注册类型	有限责任公司
开户银行	工行天智路分理处	账号	01400822600777	联系电话	3157890
邮编	524000				

征收品目	计税金额（计税数量）	税率（单位税率）	应纳税额	购花数量		
				面额	数量（枚）	金额
仓储保管合同	1 000 000 . 00	1‰	1 000. 00	壹元		
购销合同	15 000 000 . 00	0. 3‰	4 500. 00	贰元		
				伍元		
				拾元		
				伍拾元		
				壹佰元		
			5 500. 00			

如纳税人填报，由纳税人填写以下各栏	如委托税务机构填报，由税务代理机构填写以下各栏
纳税人声明，此纳税申报表是根据国家税收法律的规定填报的，我确信它是真实的、可靠的、完整的。 声明人：合肥乐安股份有限公司	代理人声明：此纳税申报表是根据国家税收法律的规定填报的，我确信它是真实的、可靠的、完整的。 声明人签名：

主管会计	胡杨	经办人	闵鑫福	税务代理机构名称		税务代理机构地址		经办人	

税务机关填写	受理日期	审核日期	录入日期
	受理人签名：	审核人签名：	录入人员签名：

安徽省地方税务局 税务机关 征税专用章

合肥乐安股份有限公司 财务专用章

说明事项：本表适用于纳税人申报缴纳印花税，购买印花税票请将所需的印花税票各面额和数量填好。

16. 5 日，以现金报销销售部业务招待费（共 2 000. 00 元）。有关单据见凭证 16 – 1、凭证 16 – 2。

凭证 16 – 1

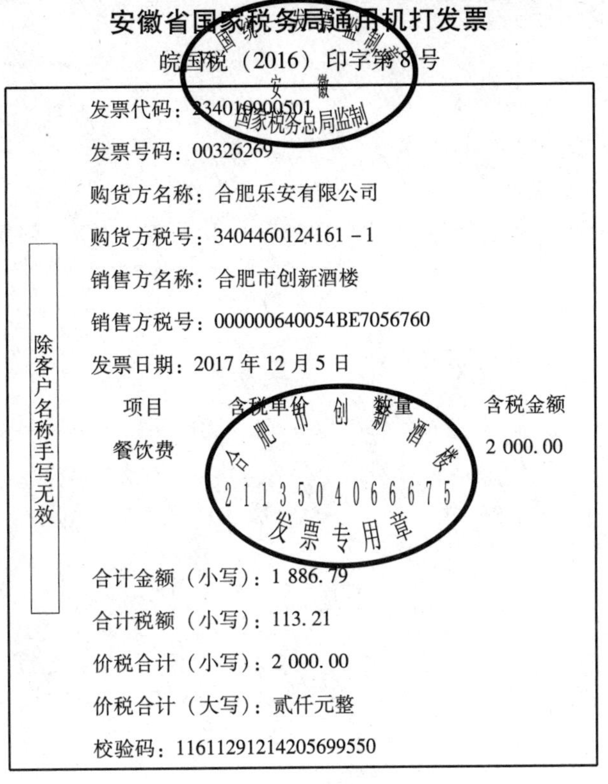

安徽省国家税务局通用机打发票

皖国税（2016）印字第 8 号

发票代码：234010900501

发票号码：00326269

购货方名称：合肥乐安有限公司

购货方税号：3404460124161 – 1

销售方名称：合肥市创新酒楼

销售方税号：000000640054BE7056760

发票日期：2017 年 12 月 5 日

项目	含税单价	数量	含税金额
餐饮费			2 000. 00

合计金额（小写）：1 886. 79

合计税额（小写）：113. 21

价税合计（小写）：2 000. 00

价税合计（大写）：贰仟元整

校验码：11611291214205699550

除客户名称手写无效

（印章：全国统一发票监制章　安徽　国家税务总局监制）

（印章：合肥市创新酒楼　211350406667 5　发票专用章）

凭证 16 – 2

合肥乐安股份有限公司报销封面

2017 年 12 月 5 日

开支内容：业务招待费　　　　单据张数：壹张

共计报销金额

人民币（大写）贰仟元整　　　　¥2 000. 00

负责人审批意见	报销人	工作部门：销售部 姓名（盖章） 张玲
同意报销。 现金付讫 程宏 2017. 12. 5	会计审核意见	已核 胡杨　2017. 12. 5

17. 5 日，报销销售部陈伟差旅费 2 430 元，退回现金 70 元。有关单据见凭证 17－1、凭证 17－2。

凭证 17－1

差旅费报销单

2017 年 12 月 5 日

姓名	陈伟	工作单位（部门）				销售部		出差事由	往南京联系业务		
旅程						交通工具			项目		金额
起站		到站		起止地点		火车	汽车	飞机			
月	日	月	日	起	止						
12	1	12	5	合肥	南京		1 000.00		住宿费		950.00
									市内交通费		180.00
									补助	旅途	
									补助	伙食	300.00
合计							¥1 000.00				¥1 430.00
总计金额（大写）人民币					贰仟肆佰叁拾元整					（小写）	¥2 430.00
结算情况	预借金额：			¥2 500.00	结算后应退：			¥70.00	结算后补领：		

主管审批：程宏　　财务审核：胡杨　　审核人：胡杨　　报销人：陈伟

凭证 17－2

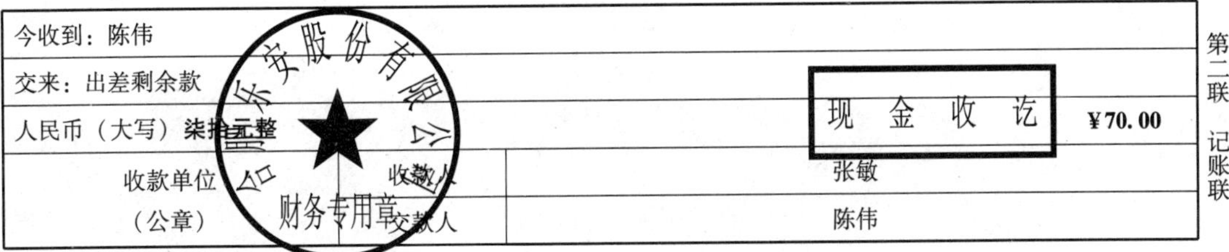

收　据

2017 年 12 月 5 日　　No. 0032650

今收到：陈伟		
交来：出差剩余款		
人民币（大写）柒拾元整	现金收讫	¥70.00
收款单位（公章）	收款人	张敏
	交款人	陈伟

第二联　记账联

合肥乐安股份有限公司　财务专用章

18. 5 日，以转账支票支付养路费 5 000 元。有关单据见凭证 18－1、凭证 18－2。

凭证 18－1

公路养路费缴讫证

No. 002365125

车主名称	合肥乐安股份有限公司	费别	金额（元）
车类	货车	养路费	3 500.00
	轿车	养路费	1 500.00
车牌号	皖 A0023651　皖 A0023652	滞纳金	
	计费吨位	重点公路设费	
合计金额人民币（大写）伍仟元整			¥5 000.00
有效期	12 月 1 日至 12 月 31 日	年包缴　　个月	
签发单位	（章） 2017 年 12 月 5 日	经办人	王月明（章）

合肥市养路费收费中心　财务专用章

凭证 18－2

中国工商银行

转账支票存根（皖）

XIN00081013

附加信息：

出票日期：2012年12月5日

收款人：合肥市养路费收费中心

金额：￥5 000.00

用途：养路费

单位主管：　　　会计：

19.5 日，购东风轿车一辆，用于接送领导，价款 30 万元，增值税税率 17%，以转账支票支付。有关单据见凭证 19－1 至凭证 19－3。

凭证 19－1

安徽增值税专用发票

No 00193828

341008389　　　　开票日期：2017 年 12 月 5 日

抵扣联

购买方	名称：合肥乐安股份有限公司 纳税人识别号：340010468107588 地址、电话：合肥市经济技术开发区天智路 666 号 0551－66325742 开户行及账号：工行合肥分行科学大道分理处 01400822600777	密码区	7++9/42152*+129*864>　加密版本:01 63－<7503*<1>*/<3<+80　341008389 2+<<56894588>>**<2569 5920－33/65+5012*/>>92　00193828

货物及应税劳务名称	规格型号	单位	数量	单价	金额	税率	税额
东风牌轿车		辆	1	300 000.00	300 000.00	17%	51 000.00
合计					￥300 000.00		￥51 000.00
计税合计（大写）	⊗叁拾伍万壹仟元整					（小写）￥351 000.00	

销售方	名称：湛城汽车销售公司 纳税人识别号：340601087330423 地址、电话：安徽省合肥市丹霞路 524 号 0551－76355146 开户行及账号：工行合肥分行丹霞路支行 4209772384301	备注	

收款人：张敏　　复核：胡项欧　　开票人：贾茹　　销货单位：（盖章）

第二联：抵扣联　购买方扣税凭证

凭证 19－2

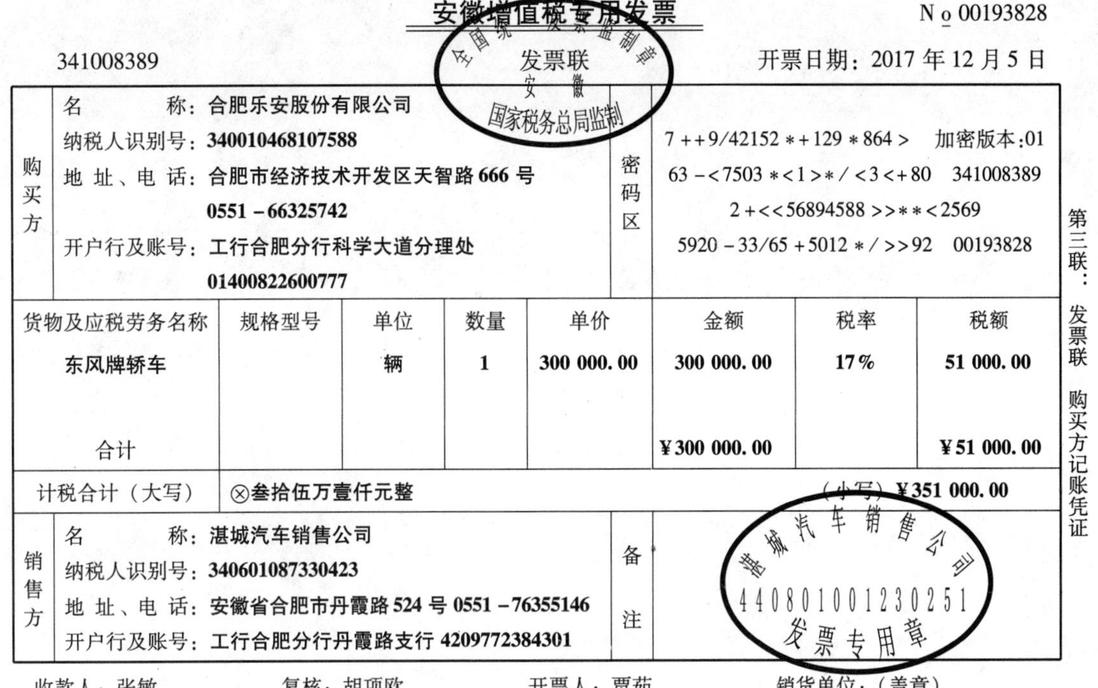

安徽增值税专用发票

No 00193828

341008389 发票联 开票日期：2017 年 12 月 5 日

购买方	名称：合肥乐安股份有限公司 纳税人识别号：340010468107588 地址、电话：合肥市经济技术开发区天智路 666 号 0551－66325742 开户行及账号：工行合肥分行科学大道分理处 01400822600777				密码区	7++9/42152＊+129＊864＞ 加密版本:01 63－<7503＊<1>＊/<3<+80 341008389 2+<<56894588>>＊＊<2569 5920－33/65+5012＊/>>92 00193828	
货物及应税劳务名称	规格型号	单位	数量	单价	金额	税率	税额
东风牌轿车		辆	1	300 000.00	300 000.00	17%	51 000.00
合计					¥300 000.00		¥51 000.00
计税合计（大写）	⊗叁拾伍万壹仟元整					（小写）¥351 000.00	
销售方	名称：湛城汽车销售公司 纳税人识别号：340601087330423 地址、电话：安徽省合肥市丹霞路 524 号 0551－76355146 开户行及账号：工行合肥分行丹霞路支行 4209772384301				备注		

收款人：张敏　　复核：胡项欧　　开票人：贾茹　　销货单位：（盖章）

凭证 19－3

中国工商银行

转账支票存根（皖）

XIN00081014

附加信息：

出票日期：2017年12月5日

收款人：湛城汽车销售公司
金额：¥351 000.00
用途：购东风牌汽车

单位主管：　　会计：

20. 5 日，决定购买股票，开出转账支票一张，将工行 100 万元存入建行证券专户。有关单据见凭证 20－1、凭证 20－2。

凭证 20－1

中国工商银行
转账支票存根（皖）
XIN00081015
附加信息：
出票日期：2017年12月5日
收款人：合肥乐安股份有限公司
金额：¥1 000 000.00
用途：购买股票
单位主管：　　会计：

凭证 20－2

中国建设银行电子汇划收款回单

2017 年 12 月 5 日　　流水号 440689250119000014

付款人	全称	合肥乐安股份有限公司	收款人	全称	合肥乐安股份有限公司
	账号	01400822600777		账号	05130066008823
	开户行	工行合肥分行科学大道分理处		开户行	中国建行合肥大钟楼支行
金额	（大写）壹佰万元整				¥1 000 000.00
用途	购买股票				

备注：

汇划日期：2017 年 12 月 5 日　　汇划流水号：350080879025554473

汇出行行号：01400822600777　　原凭证种类：0484

原凭证号码：00004279

汇款人地址：工行合肥分行科学大道

收款人地址：中国建行合肥大钟楼

实际收款人账号：05130066008823

实际收款人名称：合肥乐安股份有限公司

中国建设银行股份有限公司
合肥大钟楼支行
2017-12-05
办　讫　章

银行盖章

21. 5 日，购煤 20 吨，单价为 450 元，货款 9 000 元，增值税 1 530 元，以电汇方式转账支付。有关单据见凭证 21－1 至凭证 21－4。

凭证 21－1

安徽增值税专用发票

抵扣联

No 009261246

3400025451　　　　开票日期：2017 年 12 月 5 日

购买方	名　　称：合肥乐安股份有限公司 纳税人识别号：340010468107588 地 址、电 话：合肥市经济技术开发区天智路 666 号 0551－66325742 开户行及账号：工行合肥分行科学大道分理处 01400822600777				密码区	2++9/5752**+129*364>　加密版本:01 63－<7503*<1>*/<3<+80　3400025451 2+<<56894588>>**<2569 5920－33/65+5012*/>>92　009261246	
货物及应税劳务名称	规格型号	单位	数量	单价	金额	税率	税额
煤		吨	20	450.00	9 000.00	17%	1 530.00
合计					¥9 000.00		¥1 530.00
计税合计（大写）	⊗壹万零伍佰叁拾元整				（小写）¥10 530.00		
销售方	名　　称：皖北煤炭公司 纳税人识别号：3408010203012560 地 址、电 话：淮北市人民路 2983 路 0561－7603655 开户行及账号：中国工商银行人民路支行 004570628733547				备注		

收款人：刘辉　　复核：方琳娜　　开票人：李鑫　　销货单位：（盖章）

第二联：抵扣联　购买方记账凭证

凭证 21－2

安徽增值税专用发票

发票联

No 009261246

3400025451　　　　开票日期：2017 年 12 月 5 日

购买方	名　　称：合肥乐安股份有限公司 纳税人识别号：340010468107588 地 址、电 话：合肥市经济技术开发区天智路 666 号 0551－66325742 开户行及账号：工行合肥分行科学大道分理处 01400822600777				密码区	2++9/5752**+129*364>　加密版本:01 63－<7503*<1>*/<3<+80　3400025451 2+<<56894588>>**<2569 5920－33/65+5012*/>>92　009261246	
货物及应税劳务名称	规格型号	单位	数量	单价	金额	税率	税额
煤		吨	20	450.00	9 000.00	17%	1 530.00
合计					¥9 000.00		¥1 530.00
计税合计（大写）	⊗壹万零伍佰叁拾元整				（小写）¥10 530.00		
销售方	名　　称：皖北煤炭公司 纳税人识别号：3408010203012560 地 址、电 话：淮北市人民路 2983 路 0561－7603655 开户行及账号：中国工商银行人民路支行 004570628733547				备注		

收款人：刘辉　　复核：方琳娜　　开票人：李鑫　　销货单位：（盖章）

第三联：发票联　购买方记账凭证

凭证 21 －3

中国工商银行 业务委托书 3

INDUSTRIAL AND COMMERCIAL BANK OF CHINA　　APPLICATION FOR MONEY TRANSEFER

委托日期 DATE 2017 年 Y12 月 M5 日 D　　皖 A 01255620

银行打印					
客户填写	业务类型 TPYE	☑电汇 T/T ☐信汇 M/T ☐汇票申请书 D/D ☐本票申请书 P/D ☐其他 OTHERS		汇款方式：☐普通 ☐加急 TPYE OF REMITTANCE REGULA URGENT	
	委托人 APPLICANT	全称 FULL NAME	合肥乐安股份有限公司	收款人 PAYEE 全称 FULL NAME	皖北煤炭公司
		账号或地址 ACCOUNT NO. OR ADDRESS	01400822600777	账号或地址 ACCOUNT NO. OR ADDRESS	004570628733547
		开户行名称 ACCOUNT BANK NAME	工行合肥分行科学大道分理处	开户行名称 ACCOUNT BANK NAME	工行人民路支行
		开户银行 ACCOUNT BANK	安徽省 合肥市 PROVINCE CITY	开户银行 ACCOUNT BANK	淮北市 人民路 PROVINCE CITY

金额（大写）人民币 AMOUNT IN WORDS RMB	百	十	万	千	百	十	元	角	分
壹万零伍佰叁拾元整		¥	1	0	5	3	0	0	0

支付密码 S. C	上述款项及相关费用请从我账户内支付 the above remittance and relate charges are to be draw on my account.
加急汇款签字 SIGNATURE FOR URGENT PAYMENT	
附加信息及用途 MESSAGE AND PURPOSE　付货款	客户签章 Applicant signature and/or stamp.（加盖预留银行签章）

中国工商银行合肥分行 转账 转讫

事后监管：　　会计主管：　　复核：　　记账：

注：本业务委托书一式三联：第一联记账联，交银行；第二联发报或出票依据，交银行；第三联回单联，银行盖章后退回给企业据以入账。

凭证 21 －4

材料入库单

2017 年 12 月 5 日　　单号：000118

交来单位及部门	皖北煤炭公司	发票号码或生产单号码	009261246		验收仓库	第一仓库	入库日期	2017 年 12 月 5 日	
编码	名称及规格	单位	数量		实际成本				
			交库	实收	单价	金额	运输费	合计	单位成本
	煤	吨	20	20	450.00	9 000.00		9 000.00	450.00

第二联 记账联

部门经理：胡杨　　会计：汪越　　仓库：刘文辉　　经办人：苗小惠

22. 6 日，厂部办公室购买办公用品 980 元，当即交付使用，货款以现金支付。有关单据见凭证 22－1、凭证 22－2。

凭证 22－1

安徽增值税普通发票　　　　N o 11701568

（印章：全国统一发票监制章　发票联　安徽　国家税务总局监制）

3300103620　　　　开票日期：2017 年 12 月 6 日

购买方	名　　称：合肥乐安股份有限公司 纳税人识别号：340010468107588 地 址、电 话：合肥市经济技术开发区天智路 666 号 0551－66325742 开户行及账号：工行合肥分行科学大道分理处 01400822600777	密码区	7 ++9/42152 ∗+129 ∗864 >　加密版本:01 63 –<7503 ∗<1 >∗/ <3 <+80　3300103620 2 +<<56894588 >>∗∗<2569 5920 –33/65 +5012 ∗/ >>92　11701568

货物及应税劳务、服务名称	规格型号	单位	数量	单价	金额	税率	税额
钢笔		支	20	11.97	239.4	17%	40.6
笔记本		本	20	4.27	85.4	17%	14.6
笔筒		个	20	5.13	102.6	17%	17.4
计算器		只	8	51.28	410.24	17%	69.76
合计					¥837.64		¥142.36
计税合计（大写）	⊗玖佰捌拾元整				（小写）¥980.00		

销售方	名　　称：合肥市商之都百货公司 纳税人识别号：0911304060558 地 址、电 话：安徽省合肥市宿松路 125 号 0551－75662019 开户行及账号：中国工商银行长江路支行 005570098788649	备注	（印章：合肥市商之都百货公司 0911304060558 发票专用章）

开票人：余英明　　收款人：尤雨　　销货单位：（盖章）

第二联：发票联　购买方记账凭证

凭证 22－2

合肥乐安股份有限公司报销封面

2017 年 12 月 6 日

开支内容：购买办公用品　　　　单据张数：壹张

共计报销金额

人民币（大写）玖佰捌拾元整　　　　¥980.00

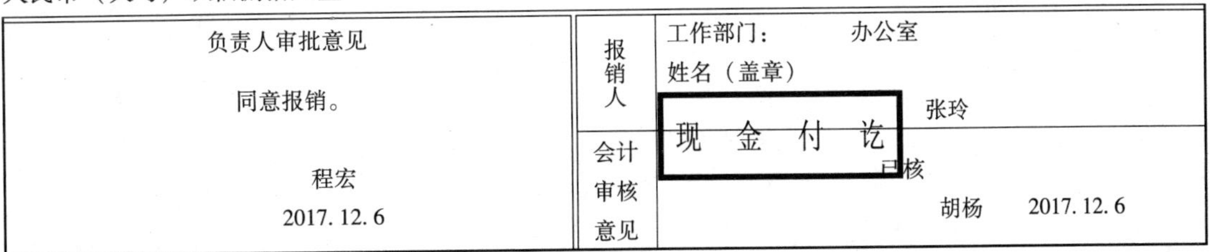

负责人审批意见	报销人	工作部门：　办公室 姓名（盖章）　张玲
同意报销。 程宏 2017. 12. 6	会计审核意见	现　金　付　讫 已核 胡杨　2017. 12. 6

23. 6 日，收回建勋公司前欠货款 560 000 元（托收邮划）。有关单据见凭证 23－1。

凭证 23－1

托收凭证（贷方凭证）　　4

委托日期：2017 年 11 月 27 日　　付款期限：　年　月　日

业务类型	委托收款（□邮划、□电划）托收承付（☑邮划、□电划）						
付款人	全称	建勋公司		收款人	全称	合肥乐安股份有限公司	
	账号	500188339200682			账号	01400822600777	
	地址	湖南省	开户行　工行云溪路分理处		地址	安徽省合肥市	开户行　工行天智路分理处
金额	人民币（大写）伍拾陆万元整					亿 千 百 十 万 千 百 十 元 角 分	¥ 5 6 0 0 0 0 0 0
款项内容	DA8－7 型开孔机款	托收凭据名称	销售发票、运输费单据	附寄单据张数	4 张		
商品发运情况	货已发运		合同名称号码	购销合同 07－038 号			
备注： 收款人开户银行收到日期 2017 年 12 月 6 日	上列款项随附有关债务证明，请予办理。 上列款项已划回收入你方账户内 收款人开户行签章 收款人签章			复核：　记账：			

中国工商银行合肥分行 转账 转讫

此联收款人开户银行作贷方凭证

24. 6 日，向泰安贸易公司购入树脂 12 吨，单价 2 650 元，增值税税率 17%，并验收入库，货款已预付。有关单据见凭证 24－1 至凭证 24－3。

凭证 24－1

江西增值税专用发票　　N o 008809029

3400908552　　抵扣联　　开票日期：2017 年 12 月 6 日

全国统一发票监制章 江西 国家税务总局监制

购买方	名称：合肥乐安股份有限公司 纳税人识别号：340010468107588 地址、电话：合肥市经济技术开发区天智路 666 号 0551－66325742 开户行及账号：工行合肥分行科学大道分理处 01400822600777			密码区	7++9/42152 * + 129 * 864 > 加密版本:01 63－<7503 * <1 > * / <3 <+80 3400908552 2+<<56894588 >> * * <2569 5920－33/65+5012 * / >>92 008809029		
货物及应税劳务名称	规格型号	单位	数量	单价	金额	税率	税额
树脂		吨	12	2 650. 00	31 800. 00	17%	5 406. 00
合计					¥31 800. 00		¥5 406. 00
计税合计（大写）	⊗叁万柒仟贰佰零陆元整				（小写）¥37 206. 00		
销售方	名称：泰安贸易公司 纳税人识别号：700189234400179 地址、电话：江西省九江市庐山路 309 号 0792－53796032 开户行及账号：中国工商银行庐山路支行 0899211100783208			备注	泰安贸易公司 081142411566 发票专用章		

收款人：鲁源　　复核：李犁　　开票人：洪青霞　　销货单位：（盖章）

第二联：抵扣联　购买方抵扣凭证

凭证 24－2

江西增值税专用发票

No 008809029

3400908552 发票联 开票日期：2017 年 12 月 6 日

购买方	名称：合肥乐安股份有限公司 纳税人识别号：340010468107588 地址、电话：合肥市经济技术开发区天智路 666 号 0551－66325742 开户行及账号：工行合肥分行科学大道分理处 01400822600777			密码区	7++9/42152**+129*864> 加密版本:01 63－<7503*<1>*/<3<+80 3400908552 2+<<56894588>>**<2569 5920－33/65+5012*/>>92 008809029		
货物及应税劳务名称	规格型号	单位	数量	单价	金额	税率	税额
树脂		吨	12	2 650.00	31 800.00	17%	5 406.00
合计					¥31 800.00		¥5 406.00
计税合计（大写）	⊗叁万柒仟贰佰零陆元整				（小写）¥37 206.00		
销售方	名称：泰安贸易公司 纳税人识别号：700189234400179 地址、电话：江西省九江市庐山路 309 号 0792－53796032 开户行及账号：中国工商银行庐山路支行 0899211100783208			备注			

收款人：鲁源 复核：李犁 开票人：洪青霞 销货单位：（盖章）

第三联：发票联 购买方记账凭证

凭证 24－3

材料入库单

2017 年 12 月 6 日 单号：000119

交来单位及部门	泰安贸易公司	发票号码或生产单号码	008809029	验收仓库	第二仓库	入库日期	2017 年 12 月 6 日		
编码	名称及规格	单位	数量		实际成本				
			交库	实收	单价	金额	运输费	合计	单位成本
	树脂	吨	12	12	2 650.00	31 800.00		31 800.00	2 650.00

部门经理：胡杨 会计：汪越 仓库：刘文辉 经办人：苗小惠

第二联：记账联

25.6 日，向立原公司销售 MF6－5 型钻孔机 120 台，单价为 5 280 元，增值税税率 17%，领用不单独计价木箱 120 只。款项尚未收回。有关单据见凭证 25－1 至凭证 25－3。

凭证 25－1

安徽增值税专用发票

No 004635484

记账联

34008922104　　　　开票日期：2017 年 12 月 6 日

<table>
<tr><td rowspan="4">购买方</td><td colspan="4">名　　称：立原公司</td><td rowspan="4">密码区</td><td colspan="3">7 ++9/42152 ∗+129 ∗864 >　加密版本:01</td></tr>
<tr><td colspan="4">纳税人识别号：8003011198801124</td><td colspan="3">63 -<7503 ∗<1 >∗/ <3 <+80　34008922104</td></tr>
<tr><td colspan="4">地 址、电 话：浙江省杭州市利民路 11 号 0571－62733245</td><td colspan="3">2 +<<56894588 >>∗∗<2569</td></tr>
<tr><td colspan="4">开户行及账号：工行杭州市分行利民支行 0230089001177308</td><td colspan="3">5920 -33/65 +5012 ∗/ >>92　004635484</td></tr>
<tr><td colspan="2">货物及应税劳务名称</td><td>规格型号</td><td>单位</td><td>数量</td><td>单价</td><td>金额</td><td>税率</td><td>税额</td></tr>
<tr><td colspan="2">MF6－5 型钻孔机</td><td></td><td>台</td><td>120</td><td>5 280</td><td>633 600. 00</td><td>17%</td><td>107 712. 00</td></tr>
<tr><td colspan="2">合计</td><td></td><td></td><td></td><td></td><td>¥633 600. 00</td><td></td><td>¥107 712. 00</td></tr>
<tr><td colspan="2">计税合计（大写）</td><td colspan="7">⊗柒拾肆万壹仟叁佰壹拾贰元整　　　（小写）¥741 312. 00</td></tr>
<tr><td rowspan="4">销售方</td><td colspan="4">名　　称：合肥乐安股份有限公司</td><td rowspan="4">备注</td><td colspan="3" rowspan="4">合肥乐安股份有限公司
004366667011 6
发票专用章</td></tr>
<tr><td colspan="4">纳税人识别号：340010468107588</td></tr>
<tr><td colspan="4">地 址、电 话：合肥市经济技术开发区天智路 666 号 0551－66325742</td></tr>
<tr><td colspan="4">开户行及账号：工行合肥分行科学大道分理处 01400822600777</td></tr>
</table>

收款人：张敏　　复核：胡杨　　开票人：闵鑫福　　销货单位：（盖章）

第一联：记账联　销售方记账作凭证

凭证 25－2

托收凭证（受理回单）　　1

委托日期：2017 年 12 月 6 日　　（白纸蓝油墨）

<table>
<tr><td colspan="2">业务类型</td><td colspan="16">委托收款（□邮划、☑电划）托收承付（□邮划、□电划）</td></tr>
<tr><td rowspan="3">付款人</td><td>全称</td><td colspan="3">立原公司</td><td rowspan="3">收款人</td><td>全称</td><td colspan="11">合肥乐安股份有限公司</td></tr>
<tr><td>账号</td><td colspan="3">0230089001177308</td><td>账号</td><td colspan="11">01400822600777</td></tr>
<tr><td>地址</td><td>浙江省</td><td>开户行</td><td>工行杭州市支行</td><td>地址</td><td colspan="4">安徽省合肥市</td><td colspan="2">开户行</td><td colspan="5">工行天智路分理处</td></tr>
<tr><td rowspan="2">金额</td><td rowspan="2">人民币（大写）</td><td colspan="4" rowspan="2">柒拾肆万壹仟叁佰壹拾贰元整</td><td>亿</td><td>千</td><td>百</td><td>十</td><td>万</td><td>千</td><td>百</td><td>十</td><td>元</td><td>角</td><td>分</td><td></td></tr>
<tr><td></td><td></td><td>¥</td><td>7</td><td>4</td><td>1</td><td>3</td><td>1</td><td>2</td><td>0</td><td>0</td><td></td></tr>
<tr><td colspan="2">款项内容</td><td>钻孔机款</td><td>托收凭据名称</td><td colspan="2">销售发票</td><td colspan="5">附寄单据张数</td><td colspan="7">2 张</td></tr>
<tr><td colspan="2">商品发运情况</td><td colspan="2">货已发运</td><td colspan="4">合同名称号码</td><td colspan="10">购销合同 09－038 号</td></tr>
<tr><td colspan="4">备注：

收款人开户银行收到日期
2017 年 12 月 6 日</td><td colspan="14">中国工商银行股份有限公司
合肥分行科学大道分理处
2017-12-06
票据受理专用章
收款人签章　　复核：　　记账：</td></tr>
</table>

此联收款人开户银行作贷方凭证

凭证 25－3

产品销售出库单

收货单位：立原公司　　2017 年 12 月 6 日　　No. 0022637

品名	单位	单价	数量	金额	备注
MF6－5 型钻孔机	台		120		
木箱	只		120		
合计					
购货方采购员签字：高明理					

第二联　记账联

记账：汪越　　发货：刘文辉　　制单：苗小惠

26. 7 日，购材料电机，货款 28 万元，增值税税率 17%，以转账支票支付，材料已验收入库。有关单据见凭证 26－1 至凭证 26－4。

凭证 26－1

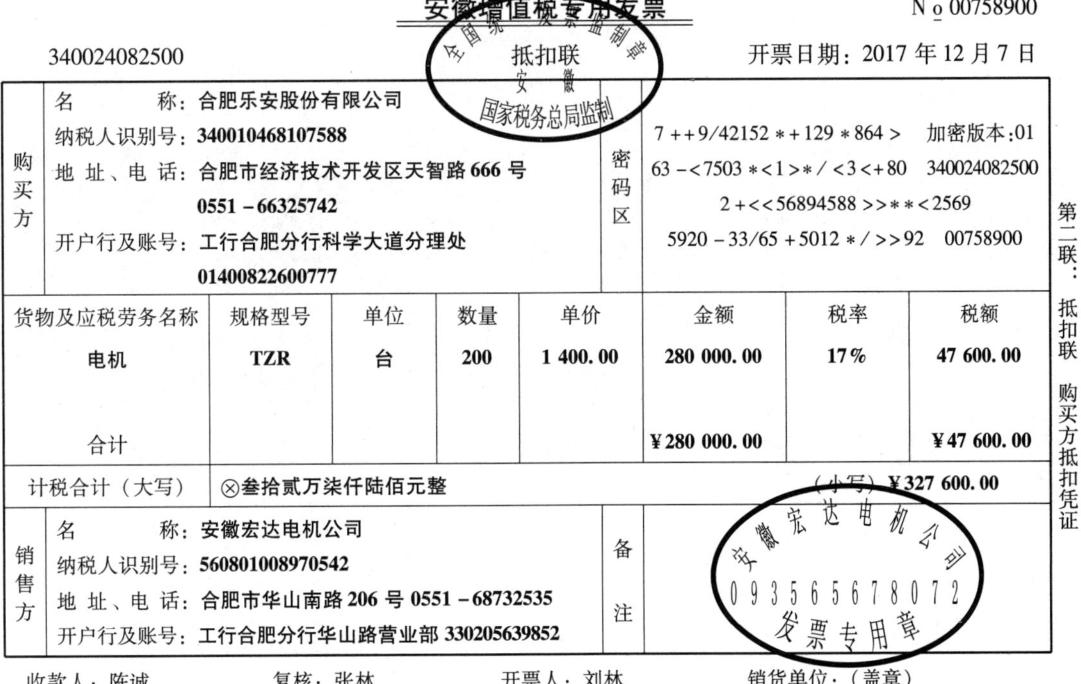

安徽增值税专用发票

N o 00758900

340024082500　　开票日期：2017 年 12 月 7 日

购买方	名　　称：合肥乐安股份有限公司 纳税人识别号：340010468107588 地 址、电 话：合肥市经济技术开发区天智路 666 号 0551－66325742 开户行及账号：工行合肥分行科学大道分理处 01400822600777			密码区	7＋＋9/42152＊＋129＊864＞　加密版本:01 63－<7503＊<1＞＊/<3<＋80　340024082500 2＋<<56894588＞＞＊＊<2569 5920－33/65＋5012＊/＞＞92　00758900		
货物及应税劳务名称	规格型号	单位	数量	单价	金额	税率	税额
电机	TZR	台	200	1 400.00	280 000.00	17%	47 600.00
合计					¥280 000.00		¥47 600.00
计税合计（大写）	⊗叁拾贰万柒仟陆佰元整				（小写）¥327 600.00		
销售方	名　　称：安徽宏达电机公司 纳税人识别号：560801008970542 地 址、电 话：合肥市华山南路 206 号 0551－68732535 开户行及账号：工行合肥分行华山路营业部 330205639852			备注			

第二联：抵扣联　购买方抵扣凭证

印章：全国统一发票监制章　抵扣联　安徽　国家税务总局监制

印章：安徽宏达电机公司　093565678072　发票专用章

收款人：陈诚　　复核：张林　　开票人：刘林　　销货单位：（盖章）

凭证 26－2

安徽增值税专用发票　　　　N o 00758900

发票联

340024082500　　　　开票日期：2017 年 12 月 7 日

购买方	名称：合肥乐安股份有限公司 纳税人识别号：340010468107588 地址、电话：合肥市经济技术开发区天智路 666 号 0551－66325742 开户行及账号：工行合肥分行科学大道分理处 01400822600777			密码区	7++9/42152**+129*864> 加密版本:01 63－<7503*<1>*/<3<+80 340024082500 2+<<56894588>>**<2569 5920－33/65+5012*/>>92 00758900		
货物及应税劳务名称	规格型号	单位	数量	单价	金额	税率	税额
电机	TZR	台	200	1 400.00	280 000.00	17%	47 600.00
合计					¥280 000.00		¥47 600.00
价税合计（大写）	⊗叁拾贰万柒仟陆佰元整				（小写）¥327 600.00		
销售方	名称：安徽宏达电机公司 纳税人识别号：560801008970542 地址、电话：合肥市华山南路 206 号 0551－68732535 开户行及账号：工行合肥分行华山路营业部 330205639852			备注			

收款人：陈诚　　复核：张林　　开票人：刘林　　销货单位：（盖章）

第三联：发票联　购买方记账凭证

凭证 26－3

中国工商银行

转账支票存根（皖）

XIN00081016

附加信息：

出票日期：2017年12月7日

收款人：安徽宏达电机公司
金额：¥327 600.00
用途：购电机

单位主管：　　　会计：

凭证 26－4

材料入库单

2017 年 12 月 7 日　　单号：000120

交来单位及部门	安徽宏达电机公司	发票号码或生产单号码	00758900		验收仓库	第二仓库	入库日期	2017 年 12 月 7 日	
编码	名称及规格	单位	数量		实际成本				
			交库	实收	单价	金额	运输费	合计	单位成本
	电机	台	200	200	1 400.00	280 000.00		280 000.00	1 400.00

第二联：记账联

部门经理：胡杨　　会计：汪越　　仓库：刘文辉　　经办人：苗小惠

27. 7 日，以建行证券存款购买上海能源股票 6 万股，每股价格 12 元，实付金额 722 801. 00元，作为交易性金融资产。有关单据见凭证 27－1、凭证 27－2。

凭证 27－1

证券成交过户交割单

股东名称：合肥乐安股份有限公司

股东代码：A0113256066　　日期：2017. 12. 7

交割日期	业务名称	证券代码	证券名称	成交价格	成交数量	剩余数量	成交金额	佣金	印花税	过户费	附加费	应付金额	实收金额	资金余额
2017. 12. 7	证券买入	600508	上海能源股票	12. 00	60 000	60 000	720 000. 00	1 800. 00	1 000. 00	1. 00	0. 00	722 801. 00		

合肥乐安股份有限公司 财务专用章

凭证 27－2

银河证券合肥营业部

委托书　　No. 032485　　合同序号：0030341

资金账号：××××××××××××××

证券账号：××××××××××××××

委托人：合肥乐安股份有限公司　　2017 年 12 月 7 日上午 9 时整

证券名称	股数与面额	限价	有效时间	附注
上海能源股票	60 000 股	12 元/股		
场内成交单号码				

委托方式	
电话	
电报	
书信	
当面委托	
划款方式	
自动划账	
当面签收	

营业员签章：________　　委托人签章：

银河证券合肥营业部 证券业务专用章 (01)

注意：1. 未填明（限价）者视为市价委托。
2. 未填明（有效期限）者视为当日有效。
3. 委托方式应予标明。
4. 书面或电报委托者应粘附函电。
5. 买卖如未成交，委托书应保存。

28. 7 日，向泰安贸易公司购石英砂 25 吨，单价 6 240 元，增值税税率 17%，款项已预付。有关单据见凭证 28 －1 至凭证 28 －3。

凭证 28 －1

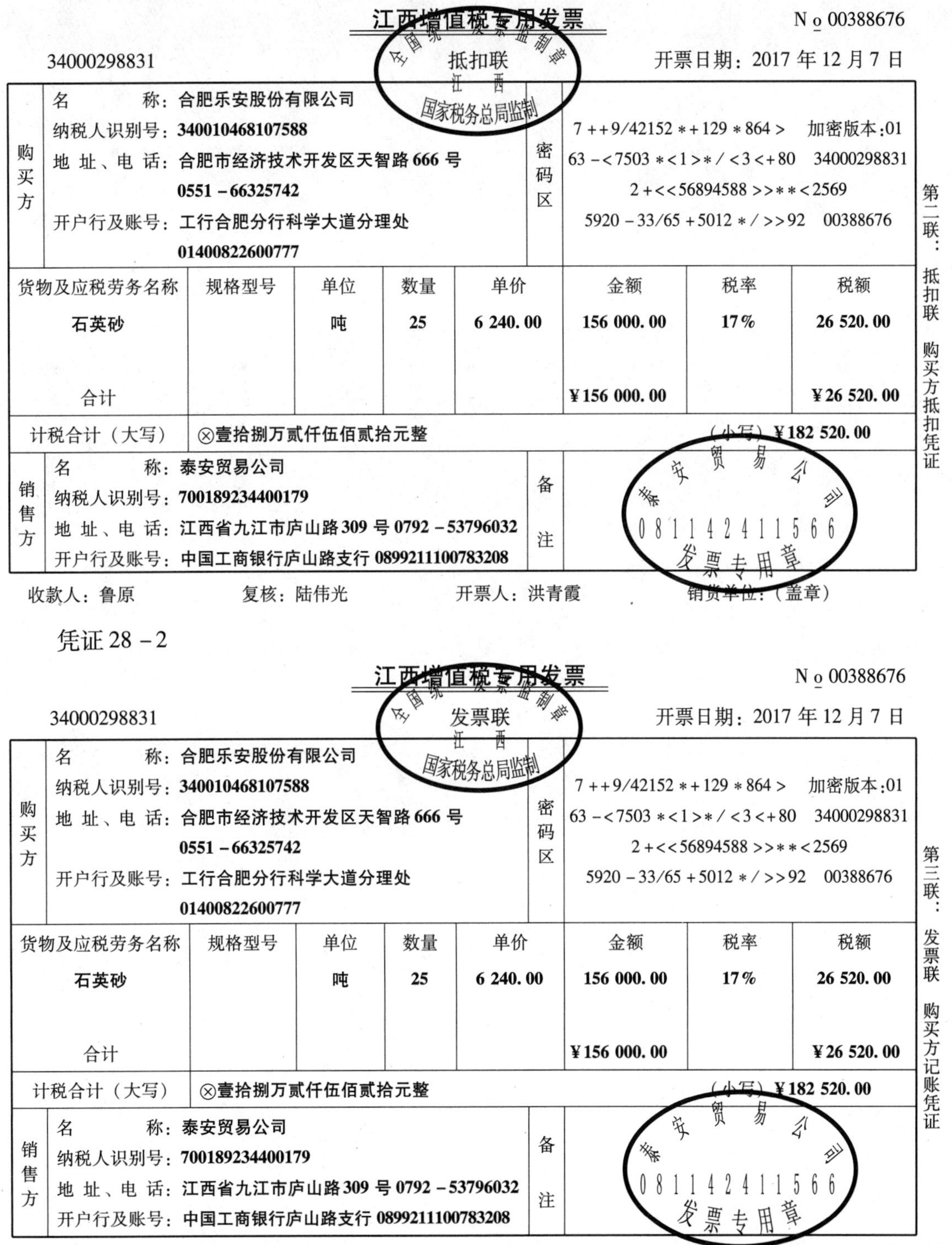

江西增值税专用发票　　N o 00388676

抵扣联

34000298831　　开票日期：2017 年 12 月 7 日

购买方	名　　称：合肥乐安股份有限公司 纳税人识别号：340010468107588 地 址、电 话：合肥市经济技术开发区天智路 666 号 0551 －66325742 开户行及账号：工行合肥分行科学大道分理处 01400822600777	密码区	7 ++9/42152 ∗∗+129 ∗864 >　加密版本:01 63 －<7503 ∗<1 >∗/ <3 <+80　34000298831 2 +<<56894588 >>∗∗<2569 5920 －33/65 +5012 ∗/ >>92　00388676

货物及应税劳务名称	规格型号	单位	数量	单价	金额	税率	税额
石英砂		吨	25	6 240. 00	156 000. 00	17%	26 520. 00
合计					¥156 000. 00		¥26 520. 00
计税合计（大写）	⊗壹拾捌万贰仟伍佰贰拾元整				（小写）¥182 520. 00		

销售方	名　　称：泰安贸易公司 纳税人识别号：700189234400179 地 址、电 话：江西省九江市庐山路 309 号 0792 －53796032 开户行及账号：中国工商银行庐山路支行 0899211100783208	备注	泰安贸易公司 081142411566 发票专用章

收款人：鲁原　　复核：陆伟光　　开票人：洪青霞　　销货单位：（盖章）

第二联：抵扣联　购买方抵扣凭证

凭证 28 －2

江西增值税专用发票　　N o 00388676

发票联

34000298831　　开票日期：2017 年 12 月 7 日

购买方	名　　称：合肥乐安股份有限公司 纳税人识别号：340010468107588 地 址、电 话：合肥市经济技术开发区天智路 666 号 0551 －66325742 开户行及账号：工行合肥分行科学大道分理处 01400822600777	密码区	7 ++9/42152 ∗∗+129 ∗864 >　加密版本:01 63 －<7503 ∗<1 >∗/ <3 <+80　34000298831 2 +<<56894588 >>∗∗<2569 5920 －33/65 +5012 ∗/ >>92　00388676

货物及应税劳务名称	规格型号	单位	数量	单价	金额	税率	税额
石英砂		吨	25	6 240. 00	156 000. 00	17%	26 520. 00
合计					¥156 000. 00		¥26 520. 00
计税合计（大写）	⊗壹拾捌万贰仟伍佰贰拾元整				（小写）¥182 520. 00		

销售方	名　　称：泰安贸易公司 纳税人识别号：700189234400179 地 址、电 话：江西省九江市庐山路 309 号 0792 －53796032 开户行及账号：中国工商银行庐山路支行 0899211100783208	备注	泰安贸易公司 081142411566 发票专用章

收款人：鲁原　　复核：陆伟光　　开票人：洪青霞　　销货单位：（盖章）

第三联：发票联　购买方记账凭证

凭证 28 -3

材料入库单

2017 年 12 月 7 日　　　　单号：000121

交来单位及部门	泰安贸易公司	发票号码或生产单号码	00388676		验收仓库	第三仓库	入库日期	2017 年 12 月 7 日	
编码	名称及规格	单位	数量		实际成本				
			交库	实收	单价	金额	运输费	合计	单位成本
	石英砂	吨	25	25	6 240	156 000.00		156 000.00	6 240.00

第二联：记账联

部门经理：胡杨　　会计：汪越　　仓库：刘文辉　　经办人：苗小惠

29.7 日，向富民公司销售 DA8 -7 型开孔机 140 台，单价 14 120 元，增值税税率 17%，领用不单独计价木箱 140 只。收到转账支票一张。有关单据见凭证 29 -1 至凭证 29 -3。

凭证 29 -1

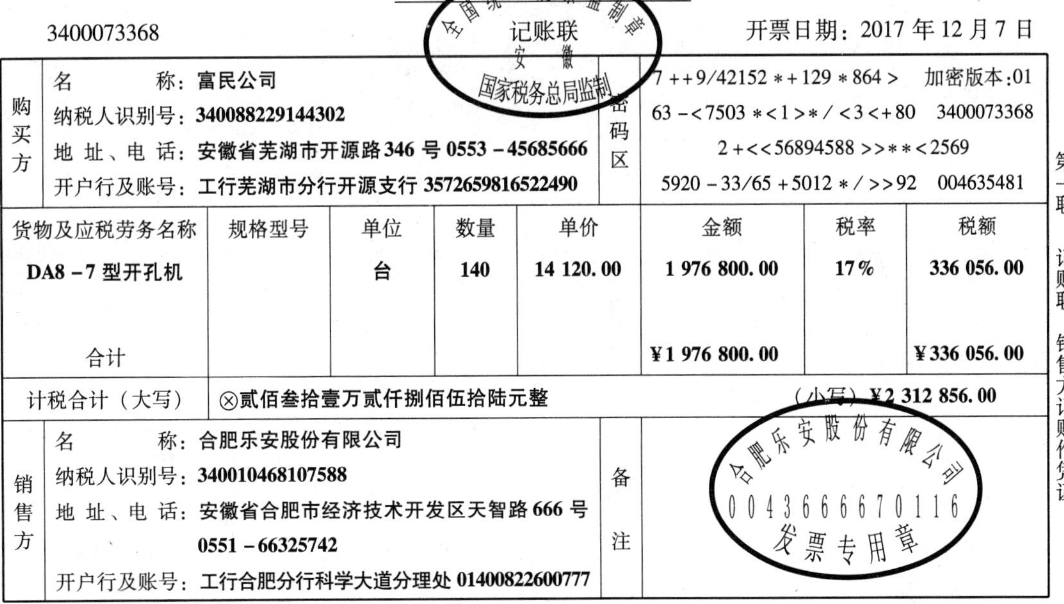

安徽增值税专用发票

N o 004635485

3400073368　　记账联　　开票日期：2017 年 12 月 7 日

（全国统一发票监制章 安徽 国家税务总局监制）

购买方	名　　称：富民公司 纳税人识别号：340088229144302 地 址、电 话：安徽省芜湖市开源路 346 号 0553 -45685666 开户行及账号：工行芜湖市分行开源支行 3572659816522490	密码区	7 ++9/42152 **+129*864 >　加密版本:01 63 -<7503 *<1>*/<3<+80　3400073368 2 +<<56894588 >>**<2569 5920 -33/65 +5012 */>>92　004635481

货物及应税劳务名称	规格型号	单位	数量	单价	金额	税率	税额
DA8 -7 型开孔机		台	140	14 120.00	1 976 800.00	17%	336 056.00
合计					¥1 976 800.00		¥336 056.00
计税合计（大写）	⊗贰佰叁拾壹万贰仟捌佰伍拾陆元整				（小写）¥2 312 856.00		

销售方	名　　称：合肥乐安股份有限公司 纳税人识别号：340010468107588 地 址、电 话：安徽省合肥市经济技术开发区天智路 666 号 0551 -66325742 开户行及账号：工行合肥分行科学大道分理处 01400822600777	备注	（合肥乐安股份有限公司 0043666670116 发票专用章）

第一联：记账联　销售方记账作凭证

收款人：张敏　　复核：胡杨　　开票人：闵鑫福　　销货单位：（盖章）

凭证 29－2

产品销售出库单

收货单位：富民公司　　　　2017 年 12 月 7 日　　　　No. 0022638

品名	单位	单价	数量	金额	备注
DA8－7 型开孔机	台		140		
木箱	只		140		
购货方采购员签字：张春					

第二联　记账联

记账：汪越　　　　发货：刘文辉　　　　制单：苗小惠

凭证 29－3

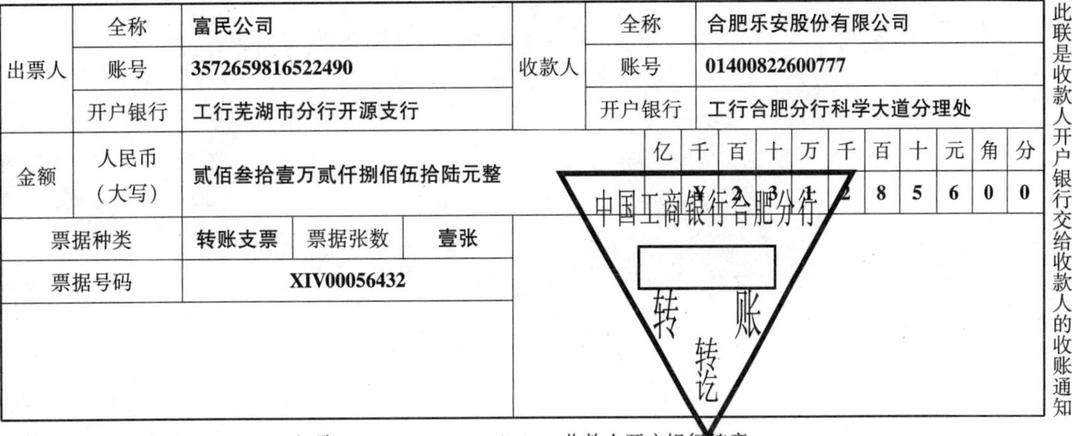

中国工商银行　进账单（收账通知）　3

2017 年 12 月 7 日　　　　No. 2093051

出票人	全称	富民公司	收款人	全称	合肥乐安股份有限公司
	账号	3572659816522490		账号	01400822600777
	开户银行	工行芜湖市分行开源支行		开户银行	工行合肥分行科学大道分理处

金额	人民币（大写）	亿	千	百	十	万	千	百	十	元	角	分
	贰佰叁拾壹万贰仟捌佰伍拾陆元整		¥	2	3	1	2	8	5	6	0	0

票据种类	转账支票	票据张数	壹张
票据号码	XIV00056432		

此联是收款人开户银行交给收款人的收账通知

复核：　　　　记账：　　　　收款人开户银行签章：

30. 8 日，缴纳所得税 166 534. 33 元。有关单据见凭证 30－1。

凭证 30－1

中国工商银行（　科学大道　　）　分行电子缴税付款凭证

转账日期：2017－12－08　　　　凭证字号：7015564560

纳税人全称及纳税人识别号：　合肥乐安股份有限公司 340883456119

付款人全称：　合肥乐安股份有限公司

付款人账号：　014008220600777　　　　征收机关名称：　合肥市经济开发区地方税务局

付款人开户银行：　工行合肥分行科学大道分理处　　　　收款国库（银行）名称：　工行合肥市分行天智路分理处

小写（合计）金额：　¥166 534. 33　　　　缴款书交易流水号：　32080232125551126

大写（合计）金额：　壹拾陆万陆仟伍佰叁拾肆元叁角叁分　　　　税票号码：　9100935804

税（费）种名称	所属日期	实缴金额
企业所得税——企业所得税	2017－11－01 至 2017－11－30	¥166 534. 33

第二联　作付款回单（无银行收讫章无效）

会计流水号：　　　　复核：　　　　记账：

31. 8 日，开出转账支票支付车间下年度财产保险费 18 550 元。有关单据见凭证 31 - 1 至凭证 31 - 5。

凭证 31 - 1

中国工商银行
转账支票存根（皖）
XIN00081017
附加信息：

出票日期：2017年12月8日
收款人：永安保险股份有限公司
金额：¥18 550.00
用途：机器厂房保险费
单位主管：　　　　会计：

凭证 31 - 2

ORIGINAL　永安保险股份有限公司　　No. 00880642
YONGAN INSURANCE COMPANY LIMITED OF CHINA
保费收据　PREMIUM RECEIPT
2017 年 12 月 8 日

兹收到：合肥乐安股份有限公司
Resume of
保费金额（大写）壹万柒仟伍佰元整
The sum of　　（小写）¥17 500.00
系付保险单第　ZV0043 号批单第 269 号之保费
Being premium on the policy No.　　End No.
最后付款日期
Last date of Payment
业务员 吴　佳　　复核 汤项基　　制单 袁伟珍
（无现金收讫章或银行付款凭证无效）　　收款签章处

永安保险股份有限公司
保 费 专 用 章

凭证 31－3

永安保险股份有限公司
YONCAN INSURANCE COMPANY
LIMITED OF CHINA
财产保险单
PROPERTY INSURANCE POLICY

中国合肥中山路 5000 号
金融大厦 25 楼
电话：020－38825612
传真：020－38825613
保单号：ZV0043269

本公司根据被保险人的要求及其所交付约定的保险费，按本保单所载条款和附加条款以及所列项目，承保财产保险。特立本保险单。			
被保险人：合肥乐安股份有限公司			
保险财产地址：安徽省合肥市经济技术开发区天智路 666 号			
保险期限：自 2018 年 01 月 01 日零时至 2018 年 12 月 31 日 24 时整			
保险及保险金额			
固定资产原值	RMB5 000 000.00		
总保险金额	人民币伍佰万元整	RMB5 000 000.00	
保险费	人民币壹万柒仟伍佰元整	RMB17 500.00	年费率：按约定 0.35%
免赔额			
备注			

永安保险股份有限公司
代　理　业　务　专　用

永安保险股份有限公司
YONGAN INSURANCE COMPANY
LIMITED OF CHINA

日期：2017 年 12 月 8 日
签单公司地址及电话中国合肥蜀山路 8080 号

TEL：020－58815646
业务员：姚明坤

凭证 31 －4

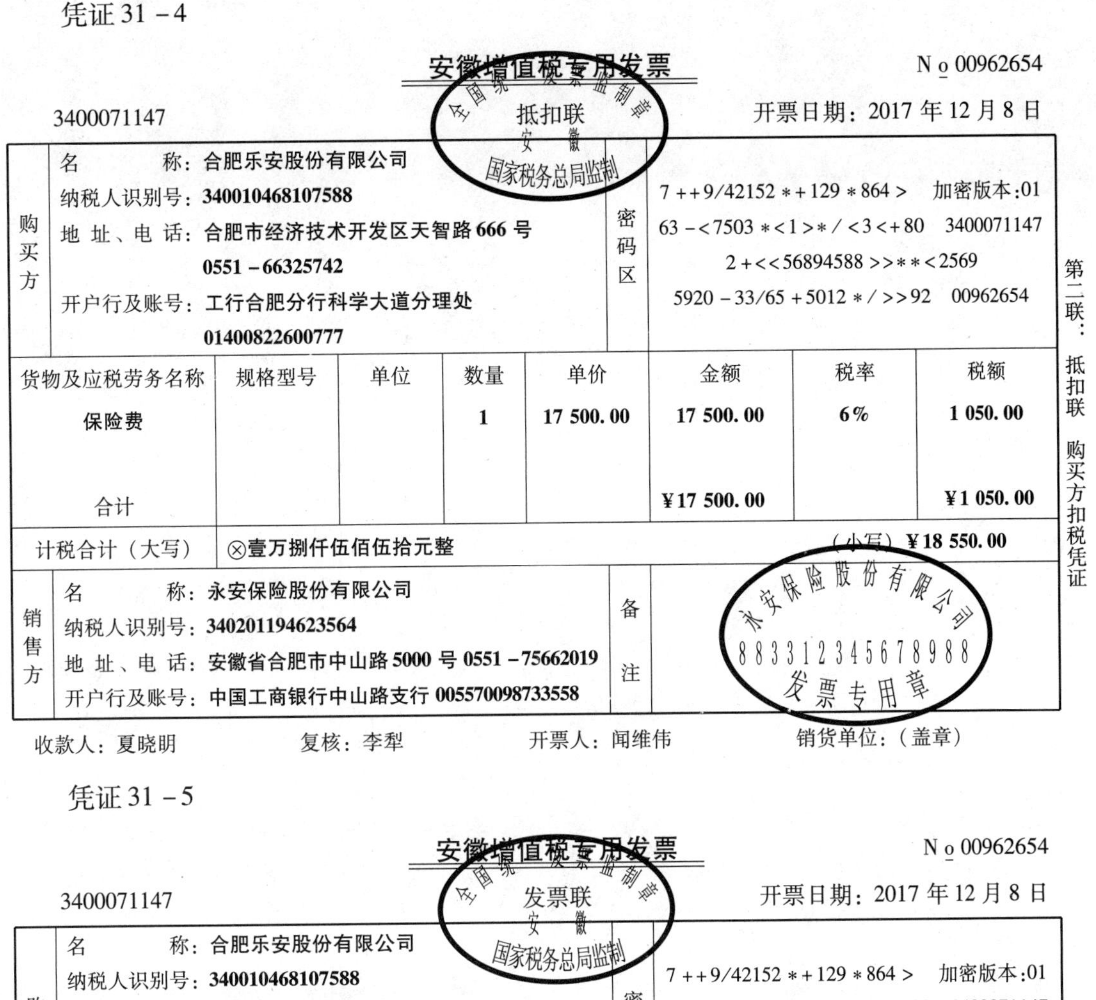

安徽增值税专用发票

N o 00962654

3400071147 抵扣联 开票日期：2017 年 12 月 8 日

购买方	名称：合肥乐安股份有限公司 纳税人识别号：340010468107588 地址、电话：合肥市经济技术开发区天智路 666 号 0551 －66325742 开户行及账号：工行合肥分行科学大道分理处 01400822600777				密码区	7 ++9/42152 ∗+129 ∗864 > 加密版本:01 63 －<7503 ∗<1 >∗/ <3 <+80 3400071147 2 +<<56894588 >>∗∗<2569 5920 －33/65 +5012 ∗/ >>92 00962654		
货物及应税劳务名称	规格型号	单位	数量	单价	金额	税率	税额	
保险费			1	17 500. 00	17 500. 00	6%	1 050. 00	
合计					¥17 500. 00		¥1 050. 00	
计税合计（大写）	⊗壹万捌仟伍佰伍拾元整					（小写）¥18 550. 00		
销售方	名称：永安保险股份有限公司 纳税人识别号：340201194623564 地址、电话：安徽省合肥市中山路 5000 号 0551 －75662019 开户行及账号：中国工商银行中山路支行 005570098733558				备注			

收款人：夏晓明 复核：李犁 开票人：闻维伟 销货单位：（盖章）

第二联：抵扣联 购买方扣税凭证

凭证 31 －5

安徽增值税专用发票

N o 00962654

3400071147 发票联 开票日期：2017 年 12 月 8 日

购买方	名称：合肥乐安股份有限公司 纳税人识别号：340010468107588 地址、电话：合肥市经济技术开发区天智路 666 号 0551 －66325742 开户行及账号：工行合肥分行科学大道分理处 01400822600777				密码区	7 ++9/42152 ∗+129 ∗864 > 加密版本:01 63 －<7503 ∗<1 >∗/ <3 <+80 3400071147 2 +<<56894588 >>∗∗<2569 5920 －33/65 +5012 ∗/ >>92 00962654		
货物及应税劳务名称	规格型号	单位	数量	单价	金额	税率	税额	
保险费			1	17 500. 00	17 500. 00	6%	1 050. 00	
合计					¥17 500. 00		¥1 050. 00	
计税合计（大写）	⊗壹万捌仟伍佰伍拾元整					（小写）¥18 550. 00		
销售方	名称：永安保险股份有限公司 纳税人识别号：340201194623564 地址、电话：安徽省合肥市中山路 5000 号 0551 －75662019 开户行及账号：中国工商银行中山路支行 005570098733558				备注			

收款人：夏晓明 复核：李犁 开票人：闻维伟 销货单位：（盖章）

第三联：发票联 购买方记账凭证

32. 8 日，从天津钢铁厂购铸铁 35 吨，单价 4 260 元，增值税税率 17%，签发商业承兑汇票，材料未到。有关单据见凭证 32 －1 至凭证 32 －3。

凭证 32－1

商业承兑汇票（卡片）　　1

出票日期（大写）　贰零壹柒年壹拾贰月零捌日　　$\frac{A}{0}\frac{A}{1}$ 00206012

付款人	全称	合肥乐安股份有限公司	收款人	全称	天津钢铁厂
	账号	01400822600777		账号	405678210983321007
	开户银行	工行合肥分行科学大道分理处		开户银行	工行天津青云路支行
金额	人民币（大写）	壹拾柒万肆仟肆佰肆拾柒元整			

亿	千	百	十	万	千	百	十	元	角	分
		¥	1	7	4	4	4	7	0	0

汇票到期日（大写）	贰零壹捌年零贰月零捌日	付款人开户行	行号	402864909
交易合同号码	2017－0256		地址	安徽省合肥市科学大道 889 号

本汇票已经承兑，到期无条件支付票款。　　承兑人签章　　承兑日期

本汇票请予以承兑于到期日付款　　出票人签章

（印章：合肥乐安股份有限公司 财务专用章；张敏印）

此联持票人开户行随托收凭证寄付款人开户行作借方凭证附件

凭证 32－2

天津增值税专用发票

No 00524168

3700072369　　抵扣联　　开票日期：2017 年 12 月 8 日

购买方	名称：合肥乐安股份有限公司 纳税人识别号：340010468107588 地址、电话：合肥市经济技术开发区天智路 666 号 0551－66325742 开户行及账号：工行合肥分行科学大道分理处 01400822600777	密码区	7＋＋9/42152＊＋129＊864＞　加密版本:01 63－<7503＊<1＞＊/<3<＋80　3700072369 2＋<<56894588＞＞＊＊<2569 5920－33/65＋5012＊/＞＞92　00524168

货物及应税劳务名称	规格型号	单位	数量	单价	金额	税率	税额
铸铁		吨	35	4 260.00	149 100.00	17%	25 347.00
合计					¥149 100.00		¥25 347.00
计税合计（大写）	⊗壹拾柒万肆仟肆佰肆拾柒元整				（小写）¥174 447.00		

销售方	名称：天津钢铁厂 纳税人识别号：540080087711294 地址、电话：天津市青云路 6 号 022－2252369 开户行及账号：工行天津青云路支行 405678210983321007	备注	（印章：天津钢铁厂 0735326710 89 发票专用章）

收款人：郑成　　复核：谢芳芳　　开票人：李基　　销货单位：（盖章）

第二联：抵扣联　购买方抵扣凭证

凭证 32－3

天津增值税专用发票　　　　N o 00524168

3700072369　　　　发票联　　　　开票日期：2017 年 12 月 8 日

购买方	名　　称：合肥乐安股份有限公司 纳税人识别号：340010468107588 地 址、电 话：合肥市经济技术开发区天智路 666 号 0551－66325742 开户行及账号：工行合肥分行科学大道分理处 01400822600777				密码区	7++9/42152**+129*864>　加密版本:01 63－<7503*<1>*/<3<+80　3700072369 2+<<56894588>>**<2569 5920－33/65+5012*/>>92　00524168	
货物及应税劳务名称	规格型号	单位	数量	单价	金额	税率	税额
铸铁		吨	35	4 260.00	149 100.00	17%	25 347.00
合计					¥149 100.00		¥25 347.00
计税合计（大写）	⊗壹拾柒万肆仟肆佰肆拾柒元整				（小写）¥174 447.00		
销售方	名　　称：天津钢铁厂 纳税人识别号：540080087711294 地 址、电 话：天津市青云路 6 号 022－2252369 开户行及账号：工行天津青云路支行 405678210983321007				备注	天津钢铁厂 0735326710 89 发票专用章	

收款人：郑成　　　复核：谢芳芳　　　开票人：李基　　　销货单位：（盖章）

第三联：发票联　购买方记账凭证

33. 8 日，购包装木箱 200 个，单价 70 元，增值税税率 17%，以转账支票支付。有关单据见凭证 33－1 至凭证 33－4。

凭证 33－1

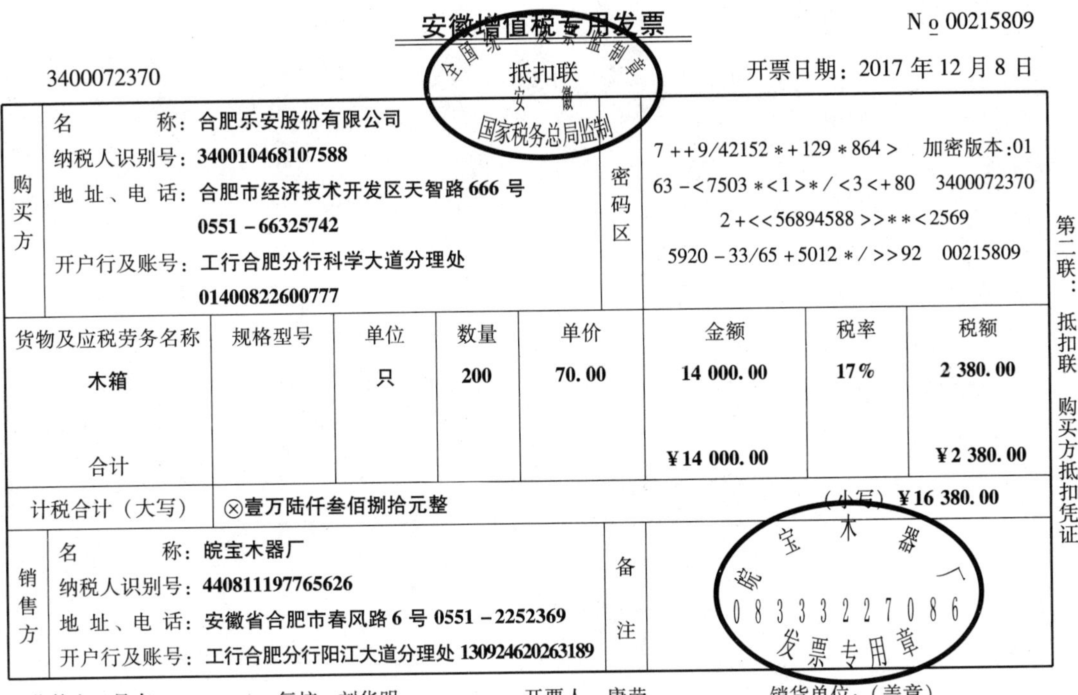

安徽增值税专用发票　　　　N o 00215809

3400072370　　　　抵扣联　　　　开票日期：2017 年 12 月 8 日

购买方	名　　称：合肥乐安股份有限公司 纳税人识别号：340010468107588 地 址、电 话：合肥市经济技术开发区天智路 666 号 0551－66325742 开户行及账号：工行合肥分行科学大道分理处 01400822600777				密码区	7++9/42152**+129*864>　加密版本:01 63－<7503*<1>*/<3<+80　3400072370 2+<<56894588>>**<2569 5920－33/65+5012*/>>92　00215809	
货物及应税劳务名称	规格型号	单位	数量	单价	金额	税率	税额
木箱		只	200	70.00	14 000.00	17%	2 380.00
合计					¥14 000.00		¥2 380.00
计税合计（大写）	⊗壹万陆仟叁佰捌拾元整				（小写）¥16 380.00		
销售方	名　　称：皖宝木器厂 纳税人识别号：440811197765626 地 址、电 话：安徽省合肥市春风路 6 号 0551－2252369 开户行及账号：工行合肥分行阳江大道分理处 130924620263189				备注	皖宝木器厂 0833322708 6 发票专用章	

收款人：吴东　　　复核：刘华明　　　开票人：唐荣　　　销货单位：（盖章）

第二联：抵扣联　购买方抵扣凭证

凭证 33－2

安徽增值税专用发票

No 00215809

3400072370　　发票联　　开票日期：2017 年 12 月 8 日

<table>
<tr><td rowspan="5">购买方</td><td colspan="5">名　　称：合肥乐安股份有限公司
纳税人识别号：340010468107588
地 址、电 话：合肥市经济技术开发区天智路 666 号 0551－66325742
开户行及账号：工行合肥分行科学大道分理处 01400822600777</td><td>密码区</td><td colspan="3">7＋＋9/42152＊＋129＊864＞ 加密版本:01
63－＜7503＊＜1＞＊/＜3＜＋80 3400072370
2＋＜＜56894588＞＞＊＊＜2569
5920－33/65＋5012＊/＞＞92 00215809</td></tr>
<tr><td colspan="2">货物及应税劳务名称</td><td>规格型号</td><td>单位</td><td>数量</td><td>单价</td><td>金额</td><td>税率</td><td>税额</td></tr>
<tr><td colspan="2">木箱</td><td></td><td>只</td><td>200</td><td>70.00</td><td>14 000.00</td><td>17%</td><td>2 380.00</td></tr>
<tr><td colspan="2">合计</td><td></td><td></td><td></td><td></td><td>¥14 000.00</td><td></td><td>¥2 380.00</td></tr>
<tr><td colspan="2">计税合计（大写）</td><td colspan="7">⊗壹万陆仟叁佰捌拾元整　　（小写）¥16 380.00</td></tr>
<tr><td>销售方</td><td colspan="5">名　　称：皖宝木器厂
纳税人识别号：440811197765626
地 址、电 话：安徽省合肥市春风路 6 号 0551－2252369
开户行及账号：工行合肥分行阳江大道分理处 130924620263189</td><td>备注</td><td colspan="3">皖宝木器厂 083332270086 发票专用章</td></tr>
</table>

收款人：吴东　　复核：刘华明　　开票人：唐荣　　销货单位：（盖章）

第三联：发票联　购买方记账凭证

凭证 33－3

材料入库单

2017 年 12 月 8 日　　单号：000122

<table>
<tr><td>交来单位及部门</td><td>皖宝木器厂</td><td>发票号码或生产单号码</td><td colspan="2">00215809</td><td>验收仓库</td><td>第五仓库</td><td>入库日期</td><td colspan="2">2017 年 12 月 8 日</td></tr>
<tr><td rowspan="2">编码</td><td rowspan="2">名称及规格</td><td rowspan="2">单位</td><td colspan="2">数量</td><td colspan="5">实际成本</td></tr>
<tr><td>交库</td><td>实收</td><td>单价</td><td>金额</td><td>运输费</td><td>合计</td><td>单位成本</td></tr>
<tr><td></td><td>木箱</td><td>只</td><td>200</td><td>200</td><td>70.00</td><td>14 000.00</td><td></td><td>14 000.00</td><td>70.00</td></tr>
<tr><td></td><td></td><td></td><td></td><td></td><td></td><td></td><td></td><td></td><td></td></tr>
<tr><td></td><td></td><td></td><td></td><td></td><td></td><td></td><td></td><td></td><td></td></tr>
</table>

部门经理：胡杨　　会计：汪越　　仓库：刘文辉　　经办人：苗小惠

第二联　记账联

凭证 33－4

中国工商银行

转账支票存根（皖）

XIN00081018

附加信息：

出票日期：2017年12月8日

收款人：皖宝木器厂

金额：¥16 380.00

用途：包装木箱

单位主管：　　　会计：

34. 9 日，向工行购转账及现金支票 40 本，支付工本费 240 元。有关单据见凭证 34－1。

凭证 34－1

中国工商银行　　收款凭条

2017 年 12 月 9 日

付款人名称	合肥乐安股份有限公司		付款人账号	01400822600777									
服务项目（凭证种类）	数量	工本费	手续费	小计									上述款项请从我账户中支付。
				百	十	万	千	百	十	元	角	分	
转账支票	**20**	**6.00**						**1**	**2**	**0**	**0**	**0**	
现金支票	**20**	**6.00**						**1**	**2**	**0**	**0**	**0**	
合计								**2**	**4**	**0**	**0**	**0**	
币种　人民币 （大写）**贰佰肆拾元整**							**¥**	**2**	**4**	**0**	**0**	**0**	预留印鉴：
以下在购买凭证时填写													
领购人姓名		领购人证件类型											
		领购人证件号码											

中国工商银行合肥分行　转账　转讫

记账联附件

事后监督：　　　　记账：

35. 9 日，用工行存款交付排污费 5 000 元。有关单据见凭证 35 - 1、凭证 35 - 2。

凭证 35 - 1

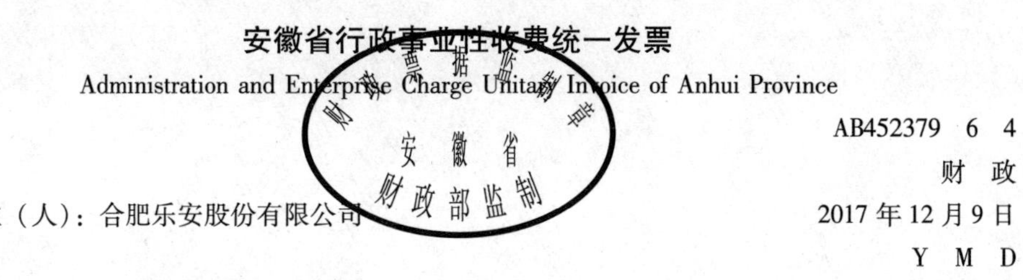

安徽省行政事业性收费统一发票

Administration and Enterprise Charge Unitary Invoice of Anhui Province

AB452379 6 4

财 政

缴款单位（人）：合肥乐安股份有限公司　　2017 年 12 月 9 日

Payer　　Y M D

执收单位代码 Unit Word	项目编号 Item Code	项目名称 Charge Item	计算单位 Unit	计算数量 Quantity	收费标准 Charge Standard	金额（元） Amount
22154601057		排污费				5 000. 00
合计人民币（大写） Amount（In words）	伍仟元整	￥5 000. 00				
缴款通知书编号 Advice Note No.	0012356	缴款方式 Payment method	单位转账	备注 Notes		

第二联：收据

收款单位（盖章）：Receiver（seal）　　开票人：Drawer　　收款人：Payee

凭证 35 - 2

中国工商银行

转账支票存根（皖）

XIN00081019

附加信息：

出票日期：2017年12月9日

收款人：合肥市环保局
金额：￥5 000.00
用途：排污费

单位主管：　　会计：

36. 9 日，以工行存款支付电费 51 683. 85 元，增值税税率 17%，委托银行收款。有关单据见凭证 36－1 至凭证 36－4。

凭证 36－1

托收凭证（付款通知）　　5

委托日期：2017 年 12 月 6 日　　付款期限：2017 年 12 月 9 日

业务类型	委托收款（☑邮划、□电划）托收承付（□邮划、□电划）				
付款人	全称	合肥乐安股份有限公司	收款人	全称	安徽电网公司合肥供电局
	账号	01400822600777		账号	20150252209201000803
	地址	安徽省合肥市　开户行　工行合肥分行科学大道分理处		地址	安徽省合肥市　开户行　工行梅山路支行
金额	人民币（大写）伍万壹仟陆佰捌拾叁元捌角伍分			千百十万千百十元角分	¥ 5 1 6 8 3 8 5
款项内容	电费款	托收凭据名称	发票及电费清单	附寄单据张数	叁张
商品发运情况			合同名称号码		
备注： 付款人开户银行收到日期 2017 年 12 月 6 日 复核　　记账	款项收妥日期 2017 年 12 月 9 日			（收款单位开户银行签章） 2017 年 12 月 9 日	

此联付款人开户银行给付款人按时付款通知

凭证 36－2

安徽增值税专用发票

No 00136798

34000221553　　　　开票日期：2017 年 12 月 9 日

购买方	名　　称：合肥乐安股份有限公司 纳税人识别号：340010468107588 地址、电话：合肥市经济技术开发区天智路 666 号 0551－66325742 开户行及账号：工行合肥分行科学大道分理处 01400822600777				密码区	7++9/42152**+129*864>　加密版本:01 63－<7503*<1>*/<3<+80　34000221553 2+<<56894588>>**<2569 5920－33/65+5012*/>>92　00136798		
货物及应税劳务名称	规格型号	单位	数量	单价	金额	税率	税额	
电力销售		kWh	58 704	0. 75	44 174. 23	17%	7 509. 62	
合计					¥44 174. 23		¥7 509. 62	
计税合计（大写）	⊗伍万壹仟陆佰捌拾叁元捌角伍分					（小写）¥51 683. 85		
销售方	名　　称：安徽电网公司合肥供电局 纳税人识别号：340801194383628 地址、电话：合肥市庐阳区梅山路 46 号 0551－7134008 开户行及账号：工行梅山路分理处 40165209210198005				备注			

收款人：吴东　　复核：李犁　　开票人：唐荣　　销货单位：（盖章）

第二联：抵扣联　购买方抵扣凭证

凭证 36－3

安徽增值税专用发票

No 00136798

34000221553　　　　发票联　　　　开票日期：2017 年 12 月 9 日

<table>
<tr><td rowspan="2">购买方</td><td colspan="4">名　　称：合肥乐安股份有限公司
纳税人识别号：340010468107588
地 址、电 话：合肥市经济技术开发区天智路 666 号
0551－66325742
开户行及账号：工行合肥分行科学大道分理处
01400822600777</td><td>密码区</td><td colspan="3">7++9/42152**+129*864> 加密版本:01
63－<7503*<1>*/<3<+80 34000221553
2+<<56894588>>**<2569
5920－33/65+5012*/>>92 00136798</td></tr>
</table>

货物及应税劳务名称	规格型号	单位	数量	单价	金额	税率	税额
电力销售		kWh	58 704	0.75	44 174.23	17%	7 509.62
合计					¥44 174.23		¥7 509.62
计税合计（大写）	⊗伍万壹仟陆佰捌拾叁元捌角伍分				（小写）¥51 683.85		

<table>
<tr><td>销售方</td><td>名　　称：安徽电网公司合肥供电局
纳税人识别号：340801194383628
地 址、电 话：合肥市庐阳区梅山路 46 号 0551－7134008
开户行及账号：工行梅山路分理处 40165209210198005</td><td>备注</td><td>安徽电网公司合肥供电局
003983446331
发票专用章</td></tr>
</table>

收款人：吴东　　复核：李犁　　开票人：唐荣　　销货单位：（盖章）

第三联：发票联　购买方记账凭证

全国统一发票监制章 安徽 国家税务总局监制

凭证 36 -4

中国南方电网

供电区域：开发区

安徽电网公司合肥供电局电费清单

（只作发票附件，不作收付款凭证）

开票日期：2017 -12 -09

<table>
<tr><td colspan="6">户名：合肥乐安股份有限公司</td><td colspan="5">电费年月　2017 -11</td><td colspan="3">托收号码：A00354</td></tr>
<tr><td rowspan="2">户号</td><td rowspan="2">地址</td><td colspan="3">有功表读数</td><td rowspan="2">倍数</td><td rowspan="2">有功电量</td><td rowspan="2">有功变损</td><td rowspan="2">实用功电量</td><td rowspan="2">电价（元/kWh）</td><td rowspan="2">电量电费金额（元）</td><td colspan="2" rowspan="2">三峡基金（元）</td><td rowspan="2">市政附加费（元）</td></tr>
<tr><td></td><td>本月</td><td>上月</td></tr>
<tr><td rowspan="2">31 202</td><td rowspan="2">开发区</td><td rowspan="2">峰平
谷总</td><td>936.48</td><td>895.12</td><td>600</td><td>24 816</td><td rowspan="2"></td><td>20 018</td><td>0.919 2</td><td>8 400.5</td><td colspan="2">140.13</td><td>280.25</td></tr>
<tr><td>1 800.5</td><td>1 720.57</td><td>600</td><td>47 958</td><td>38 686</td><td>0.581 8</td><td>2 507.5</td><td colspan="2">270.8</td><td>541.6</td></tr>
<tr><td rowspan="2">户号</td><td colspan="2">无功表读数</td><td colspan="3">无功</td><td colspan="4">基本电费</td><td colspan="3">力率调整</td><td>水库移民后期扶持金（元）上月</td></tr>
<tr><td>本月</td><td>上月</td><td>倍率</td><td>电量</td><td>变损</td><td>实用电量</td><td>容（需）量</td><td>单价（元/kW）</td><td>金额（元）</td><td>力率</td><td>调整率</td><td>本月</td><td></td></tr>
<tr><td>31 202</td><td>646.08</td><td>607.41</td><td>600.00</td><td>232 020</td><td>0.00</td><td>23 202</td><td>515.00</td><td>18.00</td><td>9 270.00</td><td>0.97</td><td>0.75</td><td>-420.09</td><td>693.10</td></tr>
<tr><td colspan="6">电费共计：¥51 683.85 元</td><td colspan="8">金额大写：伍万壹仟陆佰捌拾叁元捌角伍分</td></tr>
<tr><td colspan="14">备注：已预收　　　　元，结算　　　　元。</td></tr>
</table>

收款单位盖章：　　　　复核员：　　　　操作员：叶伟康

37.9日，支付办公室汽车维修费8 775.00元。有关单据见凭证37－1至凭证37－3。

凭证37－1

中国工商银行
转账支票存根（皖）
XIN00081020
附加信息：

出票日期：2017年12月9日
收款人：合肥市阳阳机修厂
金额：¥8 775.00
用途：汽车修理费
单位主管：　　会计：

凭证37－2

安徽增值税专用发票　　No 00962425

3400071543　　抵扣联　　开票日期：2017年12月9日

购买方	名称：合肥乐安股份有限公司 纳税人识别号：340010468107588 地址、电话：合肥市经济技术开发区天智路666号 0551－66325742 开户行及账号：工行合肥分行科学大道分理处 01400822600777				密码区	7++9/42152**129*864> 加密版本:01 63－<7503*<1>*/<3<+80 3400071543 2+<<56894588>>**<2569 5920－33/65+5012*/>>92 00962425	
货物及应税劳务名称	规格型号	单位	数量	单价	金额	税率	税额
维修费					7 500.00	17%	1 275.00
合计					¥7 500.00		¥1 275.00
计税合计（大写）	⊗捌仟柒佰柒拾伍元整				（小写）¥8 775.00		
销售方	名称：合肥市阳阳机修厂 纳税人识别号：340801194383628 地址、电话：安徽省合肥市长江路125号 0551－75662019 开户行及账号：工行长江中路分理处 40165209210198005				备注		

收款人：夏晓明　　复核：李犁　　开票人：闻维伟　　销货单位：（盖章）

第二联：抵扣联　购买方抵扣凭证

凭证 37－3

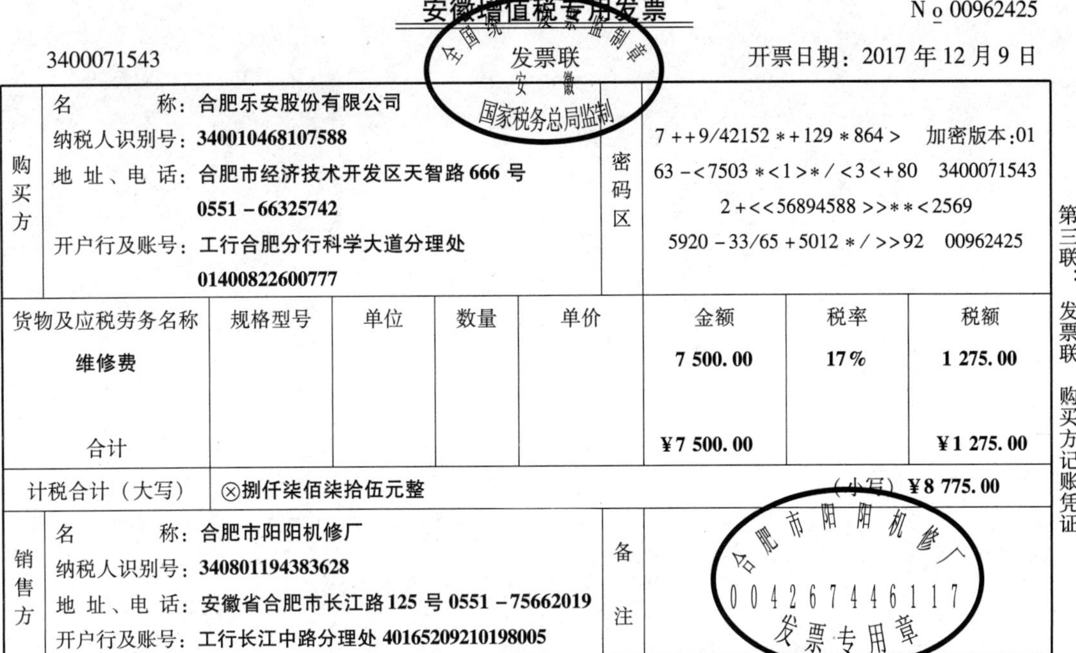

安徽增值税专用发票　　　　N o 00962425

发票联

3400071543　　　　开票日期：2017 年 12 月 9 日

购买方	名称：合肥乐安股份有限公司 纳税人识别号：340010468107588 地址、电话：合肥市经济技术开发区天智路 666 号 0551－66325742 开户行及账号：工行合肥分行科学大道分理处 01400822600777	密码区	7 ++9/42152 ∗+129 ∗864 >　加密版本:01 63 －<7503 ∗<1>∗/<3<+80　3400071543 2 +<<56894588 >>∗∗<2569 5920 －33/65 +5012 ∗/>>92　00962425

货物及应税劳务名称	规格型号	单位	数量	单价	金额	税率	税额
维修费					7 500.00	17%	1 275.00
合计					¥7 500.00		¥1 275.00
计税合计（大写）	⊗捌仟柒佰柒拾伍元整					（小写）¥8 775.00	

销售方	名称：合肥市阳阳机修厂 纳税人识别号：340801194383628 地址、电话：安徽省合肥市长江路 125 号 0551－75662019 开户行及账号：工行长江中路分理处 40165209210198005	备注	合肥市阳阳机修厂 004267446117 发票专用章

收款人：夏晓明　　复核：李犁　　开票人：闻维伟　　销货单位：（盖章）

第三联：发票联　购买方记账凭证

38. 10 日，收回货款。有关单据见凭证 38－1。

凭证 38－1

托收凭证（收款通知书）　　　　1

委托日期：2017 年 12 月 6 日　　　　（白纸蓝油墨）

业务类型	委托收款（□邮划 ☑电划）托收承付（□邮划 □电划）														
付款人	全称	立原公司			收款人	全称	合肥乐安股份有限公司								
	账号	0230089001177308				账号	01400822600777								
	地址	浙江省	开户行	工行杭州市支行		地址	安徽省合肥市	开户行	工行天智路分理处						
金额	人民币（大写）	柒拾肆万壹仟叁佰壹拾贰元整				千	百	十	万	千	百	十	元	角	分
							¥	7	4	1	3	1	2	0	0
款项内容	钻孔机款	托收凭据名称	销售发票		附寄单据张数	贰张									
商品发运情况	货已发运		合同名称号码		购销合同 05－035 号										
备注： 复核　记账	款项收妥日期 2017 年 12 月 10 日				（收款单位开户银行签章） 2017 年 12 月 10 日										

中国工商银行股份公司 合肥分行科学大道分理处 2017-12-10 票据受理专用章

第三联　收款人开户行给收款人的收款通知单

39. 10 日，向河北日神电机公司购入电机 100 台，单价 1 800 元，增值税税率 17%，并验收入库，货款下月支付。有关单据见凭证 39－1 至凭证 39－3。

凭证 39－1

河北增值税专用发票

全国统一发票监制章 河北 国家税务总局监制

抵扣联

3605246753　　　　N o 0056785　　　　开票日期：2017 年 12 月 10 日

购买方	名　　称：合肥乐安股份有限公司 纳税人识别号：340010468107588 地 址、电 话：合肥市经济技术开发区天智路 666 号 0551－66325742 开户行及账号：工行合肥分行科学大道分理处 01400822600777				密码区	7++9/42152**+129*864> 加密版本:01 63－<7503*<1>*/<3<+80 3605246753 2+<<56894588>>**<2569 5920－33/65+5012*/>>92 0056785		
货物及应税劳务名称	规格型号	单位	数量	单价	金额	税率	税额	
电机	TZR	台	100	1 800.00	180 000.00	17%	30 600.00	
合计					¥18 000.00		¥30 600.00	
计税合计（大写）	⊗贰拾壹万零陆佰元整					（小写）¥210 600.00		
销售方	名　　称：河北日神电机公司 纳税人识别号：441225194623465 地 址、电 话：河北省石家庄市青海路 18 号 0311－23698688 开户行及账号：工行青海路支行 635656325976877				备注	河北日神电机公司 6204308211 发票专用章		

收款人：徐斌　　复核：张笑　　开票人：郭峰　　销货单位：（盖章）

第二联：抵扣联 购买方抵扣凭证

凭证 39－2

河北增值税专用发票

全国统一发票监制章 河北 国家税务总局监制

发票联

3605246753　　　　N o 0056785　　　　开票日期：2017 年 12 月 10 日

购买方	名　　称：合肥乐安股份有限公司 纳税人识别号：340010468107588 地 址、电 话：合肥市经济技术开发区天智路 666 号 0551－66325742 开户行及账号：工行合肥分行科学大道分理处 01400822600777				密码区	7++9/42152**+129*864> 加密版本:01 63－<7503*<1>*/<3<+80 3605246753 2+<<56894588>>**<2569 5920－33/65+5012*/>>92 0056785		
货物及应税劳务名称	规格型号	单位	数量	单价	金额	税率	税额	
电机	TZR	台	100	1 800.00	180 000.00	17%	30 600.00	
合计					¥18 000.00		¥30 600.00	
计税合计（大写）	⊗贰拾壹万零陆佰元整					（小写）¥210 600.00		
销售方	名　　称：河北日神电机公司 纳税人识别号：441225194623465 地 址、电 话：河北省石家庄市青海路 18 号 0311－23698688 开户行及账号：工行青海路支行 635656325976877				备注	河北日神电机公司 6204308211 发票专用章		

收款人：徐斌　　复核：张笑　　开票人：郭峰　　销货单位：（盖章）

第三联：发票联 购买方记账凭证

凭证 39 －3

材料入库单

2017 年 12 月 10 日　　　　单号：000123

交来单位及部门	河北日神电机公司	发票号码或生产单号码		0056785	验收仓库	第二仓库		入库日期	2017 年 12 月 10 日	
编码	名称及规格	单位	数量		实际成本					
			交库	实收	单价	金额	运输费	合计	单位成本	
	电机	台	100	100	1 800.00	180 000.00		180 000.00	1 800.00	

第二联 记账联

部门经理：胡杨　　　会计：张洋　　　仓库：李强　　　经办人：周涛

40. 10 日，向铜陵钢铁厂采购生铁 2 吨，单价 4 000 元，增值税税率 17%，货款未付。直接送南江机械厂委托该厂加工金属模具。有关单据见凭证 40 －1 至凭证 40 －3。

凭证 40 －1

安徽增值税专用发票

No 001236587

3400025617　　　抵扣联　　　开票日期：2017 年 12 月 10 日

全国统一发票监制章 安徽 国家税务总局监制

购买方	名　　称：合肥乐安股份有限公司 纳税人识别号：340010468107588 地 址、电 话：合肥市经济技术开发区天智路 666 号 0551 －66325742 开户行及账号：工行合肥分行科学大道分理处 01400822600777				密码区	7 ++9/42152 ∗∗+129 ∗864 >　加密版本:01 63 –<7503 ∗<1>∗/<3<+80　3400025617 2 +<<56894588 >>∗∗<2569 5920 –33/65 +5012 ∗/>>92　001236587	
货物及应税劳务名称	规格型号	单位	数量	单价	金额	税率	税额
生铁		吨	2	4 000.00	8 000.00	17%	1 360.00
合计					¥8 000.00		¥1 360.00
计税合计（大写）	⊗玖仟叁佰陆拾元整					（小写）¥9 360.00	
销售方	名　　称：铜陵钢铁厂 纳税人识别号：340010067788499 地 址、电 话：安徽省铜陵市黄山路 125 号 0562 －75662019 开户行及账号：中国工商银行黄山路支行 005570098799626				备注	铜陵钢铁厂 4204378615 发票专用章	

第二联：抵扣联 购买方抵扣凭证

收款人：夏晓明　　　复核：李犁　　　开票人：闻维伟　　　销货单位：（盖章）

凭证 40－2

安徽增值税专用发票　　N o 001236587

3400025617　　发票联　　开票日期：2017 年 12 月 10 日

全国统一发票监制章 安徽 国家税务总局监制

购买方	名　　称：合肥乐安股份有限公司 纳税人识别号：340010468107588 地 址、电 话：合肥市经济技术开发区天智路 666 号 0551－66325742 开户行及账号：工行合肥分行科学大道分理处 01400822600777	密码区	7++9/42152**+129*864>　加密版本:01 63－<7503*<1>*/<3<+80　3400025617 2+<<56894588>>**<2569 5920－33/65+5012*/>>92　001236587

货物及应税劳务名称	规格型号	单位	数量	单价	金额	税率	税额
生铁		吨	2	4 000.00	8 000.00	17%	1 360.00
合计					¥8 000.00		¥1 360.00
计税合计（大写）	⊗玖仟叁佰陆拾元整					（小写）¥9 360.00	

销售方	名　　称：铜陵钢铁厂 纳税人识别号：340010067788499 地 址、电 话：安徽省铜陵市黄山路 125 号 0562－75662019 开户行及账号：中国工商银行黄山路支行 005570098799626	备注	铜陵钢铁厂 420437 8615 发票专用章

收款人：夏晓明　　复核：李犁　　开票人：闻维伟　　销货单位：（盖章）

第三联：发票联　购买方记账凭证

凭证 40－3

委托加工材料出库单　　N o 0002365

受托加工单位：南江机械厂　　2017 年 12 月 10 日　　发料仓库：直拨加工

合同编号	加工后品名及规格	单位	数量	交货日期
07－130	金属模具	件	90	2016 年 12 月 18 日
材料编号	材料名称及规格	单位	数量	金额（元）
10103	生铁	吨	2	8 000.00

发料：冯加勤　　填证：闵鑫福

41. 10 日，向安徽皖雅服装厂购工作服 500 套，单价 90 元，增值税税率 17%，已入库。转账支票支付。有关单据见凭证 41－1 至凭证 41－4。

凭证 41 －1

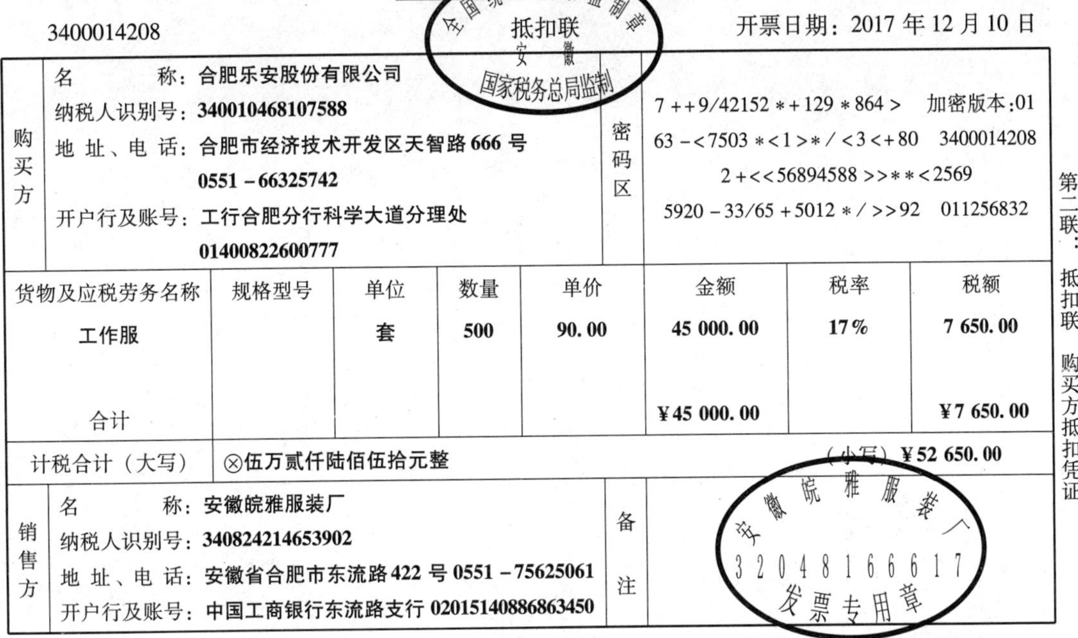

安徽增值税专用发票　　No 011256832

3400014208　　抵扣联　　开票日期：2017 年 12 月 10 日

购买方	名称：合肥乐安股份有限公司 纳税人识别号：340010468107588 地址、电话：合肥市经济技术开发区天智路 666 号 0551 －66325742 开户行及账号：工行合肥分行科学大道分理处 01400822600777	密码区	7 ++9/42152 **+129 *864 > 加密版本:01 63 －<7503 *<1 >*/ <3 <+80 3400014208 2 +<<56894588 >>**<2569 5920 －33/65 +5012 */ >>92 011256832

货物及应税劳务名称	规格型号	单位	数量	单价	金额	税率	税额
工作服		套	500	90. 00	45 000. 00	17%	7 650. 00
合计					¥45 000. 00		¥7 650. 00
计税合计（大写）	⊗伍万贰仟陆佰伍拾元整				（小写）¥52 650. 00		

销售方	名称：安徽皖雅服装厂 纳税人识别号：340824214653902 地址、电话：安徽省合肥市东流路 422 号 0551 －75625061 开户行及账号：中国工商银行东流路支行 02015140886863450	备注	安徽皖雅服装厂 32048166617 发票专用章

收款人：江中宝　　复核：林大伟　　开票人：吴洪波　　销货单位：（盖章）

第二联：抵扣联　购买方抵扣凭证

凭证 41 －2

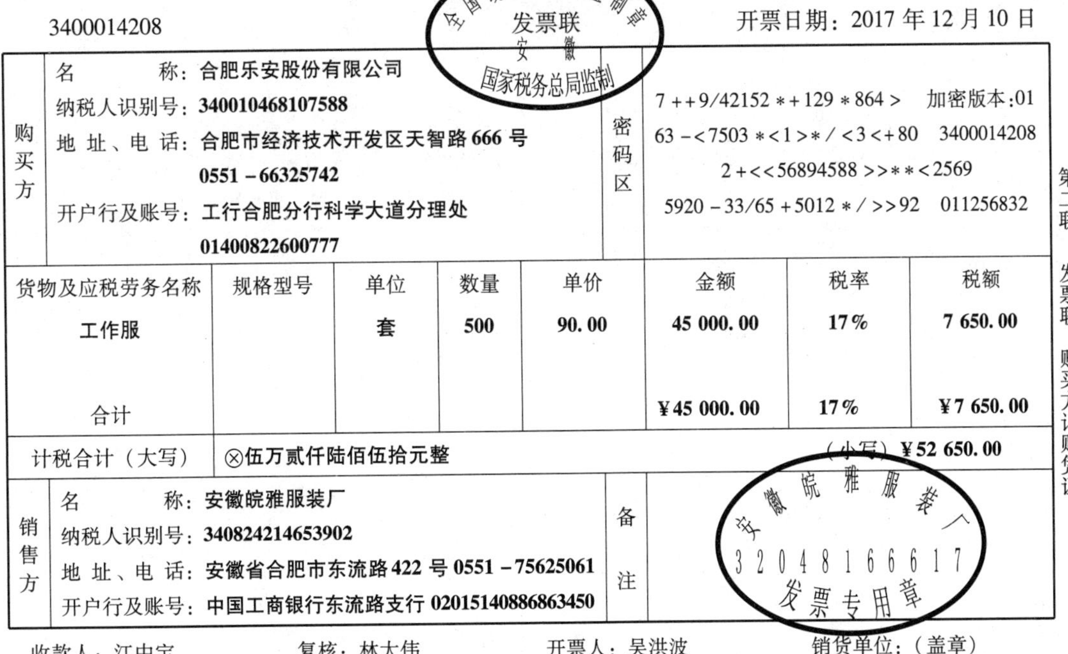

安徽增值税专用发票　　No 011256832

3400014208　　发票联　　开票日期：2017 年 12 月 10 日

购买方	名称：合肥乐安股份有限公司 纳税人识别号：340010468107588 地址、电话：合肥市经济技术开发区天智路 666 号 0551 －66325742 开户行及账号：工行合肥分行科学大道分理处 01400822600777	密码区	7 ++9/42152 **+129 *864 > 加密版本:01 63 －<7503 *<1 >*/ <3 <+80 3400014208 2 +<<56894588 >>**<2569 5920 －33/65 +5012 */ >>92 011256832

货物及应税劳务名称	规格型号	单位	数量	单价	金额	税率	税额
工作服		套	500	90. 00	45 000. 00	17%	7 650. 00
合计					¥45 000. 00	17%	¥7 650. 00
计税合计（大写）	⊗伍万贰仟陆佰伍拾元整				（小写）¥52 650. 00		

销售方	名称：安徽皖雅服装厂 纳税人识别号：340824214653902 地址、电话：安徽省合肥市东流路 422 号 0551 －75625061 开户行及账号：中国工商银行东流路支行 02015140886863450	备注	安徽皖雅服装厂 32048166617 发票专用章

收款人：江中宝　　复核：林大伟　　开票人：吴洪波　　销货单位：（盖章）

第二联：发票联　购买方记账凭证

凭证 41 -3

材料入库单

2017 年 12 月 10 日　　　　单号：000124

交来单位及部门	安徽皖雅服装厂	发票号码或生产单号码		011256832	验收仓库	第二仓库	入库日期	2017 年 12 月 10 日	
编码	名称及规格	单位	数量		实际成本				
			交库	实收	单价	金额	运输费	合计	单位成本
	工作服	**套**	**500**	**500**	**90.00**	**45 000.00**		**45 000.00**	**90.00**

第二联　记账联

部门经理：胡杨　　　会计：江越　　　仓库：刘文辉　　　经办人：苗小惠

凭证 41 -4

中国工商银行

转账支票存根（皖）

XIN00081021

附加信息：

出票日期：2017年12月10日

收款人：安徽皖雅服装厂

金额：￥52 650.00

用途：购工作服

单位主管：　　　会计：

42.10 日，开出转账支票购专利技术。有关单据见凭证 42－1 至凭证 42－3。

凭证 42－1

安徽增值税专用发票

全国统一发票监制章 抵扣联 安徽 国家税务总局监制

3400014208　　No 00207618　　开票日期：2017 年 12 月 10 日

购买方	名　　称：合肥乐安股份有限公司 纳税人识别号：340010468107588 地 址、电 话：合肥市经济技术开发区天智路 666 号 0551－66325742 开户行及账号：工行合肥分行科学大道分理处 01400822600777	密码区	7++9/42152**+129*864> 加密版本:01 63－<7503*<1>*/<3<+80 3400014208 2+<<56894588>>**<2569 5920－33/65+5012*/>>92 00207618

货物及应税劳务名称	规格型号	单位	数量	单价	金额	税率	税额
专利技术		个	1	65 000.00	65 000.00	11%	7 150.00
合计					¥65 000.00		¥7 150.00
计税合计（大写）	⊗柒万贰仟壹佰伍拾元整					（小写）	¥72 150.00

销售方	名　　称：合肥市科学研究所 纳税人识别号：340824214653902 地 址、电 话：安徽省合肥市东流路 422 号 0551－75625061 开户行及账号：中国工商银行东流路支行 02015140886863450	备注	合肥市科学研究所 320481688666 发票专用章

收款人：姜维伟　　复核：林大伟　　开票人：朱宏　　销货单位：（盖章）

第二联：抵扣联　购买方抵扣凭证

凭证 42－2

安徽增值税专用发票

全国统一发票监制章 发票联 安徽 国家税务总局监制

3400014208　　No 00207618　　开票日期：2017 年 12 月 10 日

购买方	名　　称：合肥乐安股份有限公司 纳税人识别号：340010468107588 地 址、电 话：合肥市经济技术开发区天智路 666 号 0551－66325742 开户行及账号：工行合肥分行科学大道分理处 01400822600777	密码区	7++9/42152**+129*864> 加密版本:01 63－<7503*<1>*/<3<+80 3400014208 2+<<56894588>>**<2569 5920－33/65+5012*/>>92 00207618

货物及应税劳务名称	规格型号	单位	数量	单价	金额	税率	税额
专利技术		个	1	65 000.00	65 000.00	11%	7 150.00
合计					¥65 000.00		¥7 150.00
计税合计（大写）	⊗柒万贰仟壹佰伍拾元整					（小写）	¥72 150.00

销售方	名　　称：合肥市科学研究所 纳税人识别号：340824214653902 地 址、电 话：安徽省合肥市东流路 422 号 0551－75625061 开户行及账号：中国工商银行东流路支行 02015140886863450	备注	合肥市科学研究所 320481688666 发票专用章

收款人：姜维伟　　复核：林大伟　　开票人：朱宏　　销货单位：（盖章）

第三联：发票联　购买方记账凭证

凭证 42 - 3

中国工商银行

转账支票存根（皖）

XIN00081022

附加信息：

出票日期：2017年12月10日

收款人：合肥市科学研究所

金额：¥72 150.00

用途：购专利技术

单位主管：　　会计：

43. 10 日，因违约，支付飞鹏公司合同违约金 3 500 元（要求填写支票）。有关单据见凭证 43 - 1 至凭证 43 - 2。

凭证 43 - 1

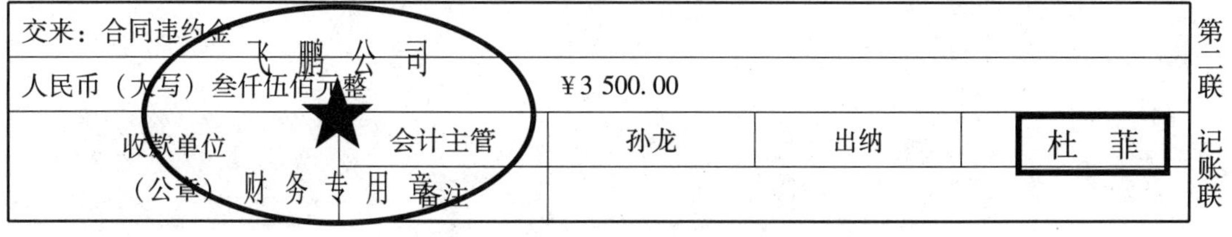

收　据

交款单位名称：合肥乐安股份有限公司　2017 年 12 月 10 日　　No. 0033617

交来：合同违约金				
人民币（大写）叁仟伍佰元整		¥3 500.00		
收款单位（公章）	会计主管	孙龙	出纳	杜　菲
	备注			

第二联　记账联

凭证 43 - 2（填写空白凭证）

中国工商银行

转账支票存根（皖）

No 00081023

附加信息：

出票日期：

收款人：

金额：

用途：

单位主管：　　会计：

中国工商银行　转账支票　　No. 00081023

付款期限自出票之日起十天

出票日期（大写）　　年　　月　　日　　付款行名称：

收款人：　　出票人账号：

人民币（大写）

亿	千	佰	十	万	千	佰	十	元	角	分

用途

上列款项请从

我账户内支付

出票人签章

科目（借）

对方科目（贷）

付讫范围　　年　　月　　日

出纳　　复核　　记账

贴对号单处

44. 10 日，偿付前欠铜陵钢铁厂货款 900 000 元（汇兑）。有关单据见凭证 44 －1。

凭证 44 －1

中国工商银行　业务委托书

INDUSTRIAL AND COMMERCIAL BANK OF CHINA　　APPLICATION FOR MONEY TRANSEFER

委托日期 DATE 2017 年 Y12 月 M10 日 D　　皖 A 01253654

银行打印					
客户填写	业务类型 TPYE	☑电汇 T/T　□信汇 M/T　□汇票申请书 D/D　□本票申请书 P/D　□其他 OTHERS		汇款方式： TPYE OF REMITTANCE	□普通 REGULA　□加急 URGENT
委托人 APPLICANT	全称 FULL NAME	合肥乐安股份有限公司	收款人 PAYEE	全称 FULL NAME	铜陵钢铁厂
	账号或地址 ACCOUNT NO. OR ADDRESS	01400822600777		账号或地址 ACCOUNT NO. OR ADDRESS	005570098733558
	开户行名称 ACCOUNT BANK NAME	工行合肥分行科学大道分理处		开户行名称 ACCOUNT BANK NAME	工行铜陵市黄山路支行
	开户银行 ACCOUNT BANK NAME	安徽省　合肥市 PROVINCE CITY		开户银行 ACCOUNT BANK NAME	安徽省　铜陵市 PROVINCE CITY

金额（大写）人民币 AMOUNT IN WORDS RMB	百	十	万	千	百	十	元	角	分
玖拾万元整	¥	9	0	0	0	0	0	0	0

支付密码 S. C		上述款项及相关费用请从我账户内支付 the above remittance and relate charges are to be draw on my account.
加急汇款签字 SIGNATURE FOR URGENT PAYMENT		
附加信息及用途 MESSAGE AND PURPOSE		客户签章 Applicant signature and/or stamp.（加盖预留银行签章）

中国工商银行合肥分行 转账 转讫

事后监管：　　会计主管：　　复核：　　记账：

注：本业务委托书一式三联：第一联记账联，交银行；第二联发报或出票依据，交银行；第三联回单联，银行盖章后退回给企业据以入账。

45.10 日，支付办公室电话费 8 848.96 元。有关单据见凭证 45－1 至凭证 45－3。

凭证 45－1

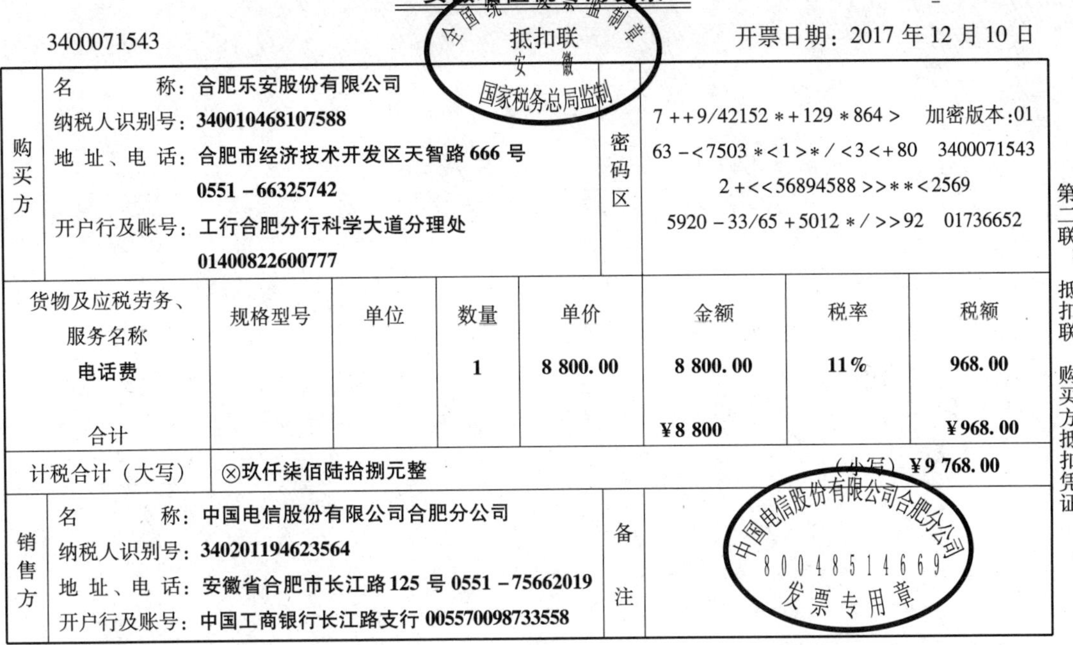

安徽增值税专用发票　　N o 01736652

抵扣联

3400071543　　开票日期：2017 年 12 月 10 日

购买方	名　　称：合肥乐安股份有限公司 纳税人识别号：340010468107588 地 址、电 话：合肥市经济技术开发区天智路 666 号 0551－66325742 开户行及账号：工行合肥分行科学大道分理处 01400822600777	密码区	7 ++9/42152 ** +129 * 864 >　加密版本:01 63 -<7503 * <1 > * / <3 <+80　3400071543 2 +<<56894588 >> ** <2569 5920 -33/65 +5012 * / >>92　01736652

货物及应税劳务、服务名称	规格型号	单位	数量	单价	金额	税率	税额
电话费			1	8 800.00	8 800.00	11%	968.00
合计					¥8 800		¥968.00
计税合计（大写）	⊗玖仟柒佰陆拾捌元整					（小写）	¥9 768.00

销售方	名　　称：中国电信股份有限公司合肥分公司 纳税人识别号：340201194623564 地 址、电 话：安徽省合肥市长江路 125 号 0551－75662019 开户行及账号：中国工商银行长江路支行 005570098733558	备注	

收款人：姜维伟　　复核：林大伟　　开票人：朱宏　　销货单位：（盖章）

第二联：抵扣联 购买方抵扣凭证

凭证 45－2

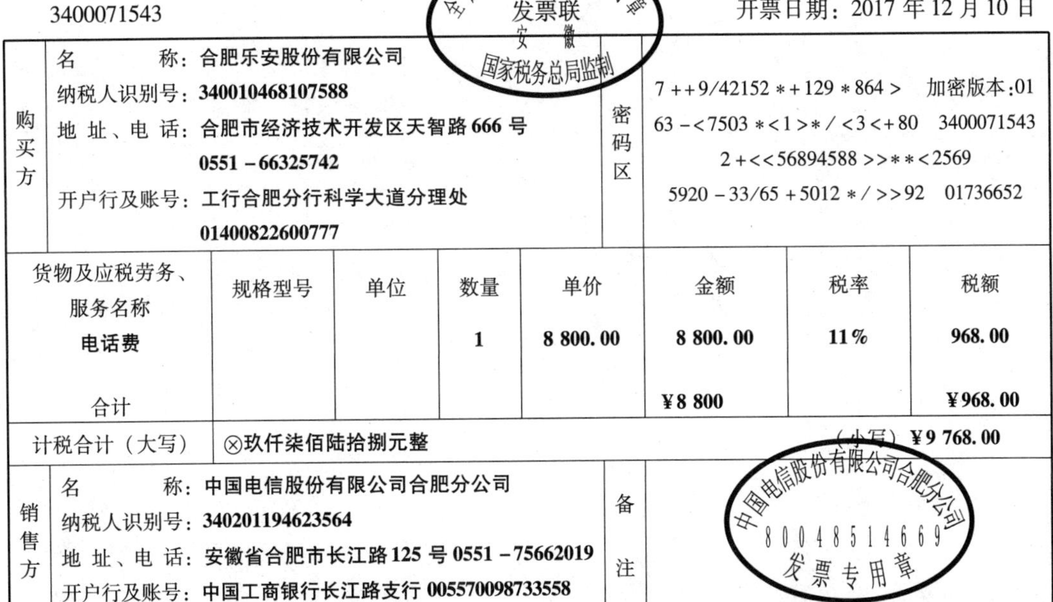

安徽增值税专用发票　　N o 01736652

发票联

3400071543　　开票日期：2017 年 12 月 10 日

购买方	名　　称：合肥乐安股份有限公司 纳税人识别号：340010468107588 地 址、电 话：合肥市经济技术开发区天智路 666 号 0551－66325742 开户行及账号：工行合肥分行科学大道分理处 01400822600777	密码区	7 ++9/42152 ** +129 * 864 >　加密版本:01 63 -<7503 * <1 > * / <3 <+80　3400071543 2 +<<56894588 >> ** <2569 5920 -33/65 +5012 * / >>92　01736652

货物及应税劳务、服务名称	规格型号	单位	数量	单价	金额	税率	税额
电话费			1	8 800.00	8 800.00	11%	968.00
合计					¥8 800		¥968.00
计税合计（大写）	⊗玖仟柒佰陆拾捌元整					（小写）	¥9 768.00

销售方	名　　称：中国电信股份有限公司合肥分公司 纳税人识别号：340201194623564 地 址、电 话：安徽省合肥市长江路 125 号 0551－75662019 开户行及账号：中国工商银行长江路支行 005570098733558	备注	

收款人：姜维伟　　复核：林大伟　　开票人：朱宏　　销货单位：（盖章）

第三联：发票联 购买方记账凭证

凭证 45－3

中国工商银行代理业务回单

扣款日期：2017. 12. 10

借方	户名	合肥乐安股份有限公司	贷方	户名	代理电信资金清算
	账号	01400822600777		账号	2021529911901211790
金额		人民币玖仟柒佰陆拾捌元整　¥9 768.00			
备注	缴费月份：2017 年 11 月		缴费号码：61204512		

会计（主管）：　　　　记账：

46. 11 日，向建勋公司销售 DA8－7 型开孔机 60 台，单价 14 180 元，增值税税率 17%，随货销售，领取不单独计价的木箱 60 个，款项尚未收回，已办妥收货款手续。有关单据见凭证 46－1 至凭证 46－3。

凭证 46－1

安徽增值税专用发票

No 0046354817

3400073369　　记账联　　开票日期：2017 年 12 月 11 日

购买方	名称：建勋公司 纳税人识别号：3420803340820136 地址、电话：芜湖市中山路 999 号 0553－23123225 开户行及账号：工行芜湖市中山路分理处 221080123620136				密码区	7++9/42152**+129*864> 加密版本：01 63－<7503*<1>*/<3<+80 3400073369 2+<<56894588>>**<2569 5920－33/65+5012*/>>92 0046354817		
货物及应税劳务名称	规格型号	单位	数量	单价	金额	税率	税额	
DA8－7 型开孔机		台	60	14 180.00	850 800.00	17%	144 636.00	
合计					¥850 800.00		¥144 636.00	
计税合计（大写）	⊗玖拾玖万伍仟肆佰叁拾陆元整				（小写）¥995 436.00			
销售方	名称：合肥乐安股份有限公司 纳税人识别号：340010468107588 地址、电话：安徽省合肥市经济技术开发区天智路 666 号 0551－66325742 开户行及账号：工行合肥分行科学大道分理处 01400822600777				备注	合肥乐安股份有限公司 0043666670116 发票专用章		

第一联：记账联　购买方记账凭证

收款人：张敏　　复核：胡杨　　开票人：闵鑫福　　销货单位：（盖章）

凭证 46－2

产品销售出库单

收货单位：建勋公司　　2017 年 12 月 11 日　　No. 0022639

品名	单位	单价	数量	金额	备注
DA8－7 型开孔机	台		60		
木箱	只		60		
购货方采购员签字：汪越明					

第二联　记账联

记账：汪越　　发货：刘文辉　　制单：苗小惠

凭证 46－3

托收凭证（受理回单）　　1

委托日期：2017 年 12 月 11 日　　（白纸蓝油墨）

<table>
<tr><td colspan="2">业务类型</td><td colspan="15">委托收款（□邮划、☑电划）托收承付（□邮划、□电划）</td></tr>
<tr><td rowspan="3">付款人</td><td>全称</td><td colspan="3">建勋公司</td><td rowspan="3">收款人</td><td>全称</td><td colspan="11">合肥乐安股份有限公司</td></tr>
<tr><td>账号</td><td colspan="3">221080123620136</td><td>账号</td><td colspan="11">01400822600777</td></tr>
<tr><td>地址</td><td>安徽芜湖市</td><td>开户行</td><td>工行芜湖市支行</td><td>地址</td><td colspan="3">安徽省合肥市</td><td colspan="2">开户行</td><td colspan="6">工行天智路分理处</td></tr>
<tr><td rowspan="2">金额</td><td rowspan="2">人民币（大写）</td><td colspan="4" rowspan="2">玖拾玖万伍仟肆佰叁拾陆元整</td><td>亿</td><td>千</td><td>百</td><td>十</td><td>万</td><td>千</td><td>百</td><td>十</td><td>元</td><td>角</td><td>分</td></tr>
<tr><td></td><td></td><td>¥</td><td>9</td><td>9</td><td>5</td><td>4</td><td>3</td><td>6</td><td>0</td><td>0</td></tr>
<tr><td colspan="2">款项内容</td><td>DA8－7 型开孔机款</td><td>托收凭据名称</td><td colspan="2">销售发票、运输费单据</td><td colspan="4">附寄单据张数</td><td colspan="7">2 张</td></tr>
<tr><td colspan="2">商品发运情况</td><td colspan="2">货已发运</td><td colspan="4">合同名称号码</td><td colspan="9">购销合同 07－0185 号</td></tr>
<tr><td colspan="4">备注：
收款人开户银行收到日期：
2017 年 12 月 11 日</td><td colspan="6">中国工商银行股份公司
合肥分行科学大道分理处
2017-12-11
票据受理专用章
收款人签章</td><td colspan="7">复核：　记账：</td></tr>
</table>

此联收款人开户银行作贷方凭证

47. 11 日，发出原材料。有关单据见凭证 47－1。

凭证 47－1

材料出库单

领用单位：加工车间　　2017 年 12 月 11 日　　No. 0962

品名	单位	单价	数量	金额	用途
电机	台		230		生产开孔机
电机	台		320		生产钻孔机
合计			550		

第二联　记账联

仓管员：王亮　　经手人：刘春

48. 11 日，向明光公司购树脂 20 吨，单价 2 500 元，增值税税率 17%，已入库。以工行存款支付。有关单据见凭证 48－1 至凭证 48－4。

凭证 48－1

材料入库单

2017 年 12 月 11 日　　　　单号：000124

交来单位及部门	明光公司	发票号码或生产单号码	02222535		验收仓库	第二仓库	入库日期	2017 年 12 月 11 日	
编码	名称及规格	单位	数量		实际成本				
			交库	实收	单价	金额	运输费	合计	单位成本
	树脂	吨	20	20	2 500.00	50 000.00			

第二联　记账联

部门经理：胡杨　　会计：汪越　　仓库：刘文辉　　经办人：苗小惠

凭证 48－2

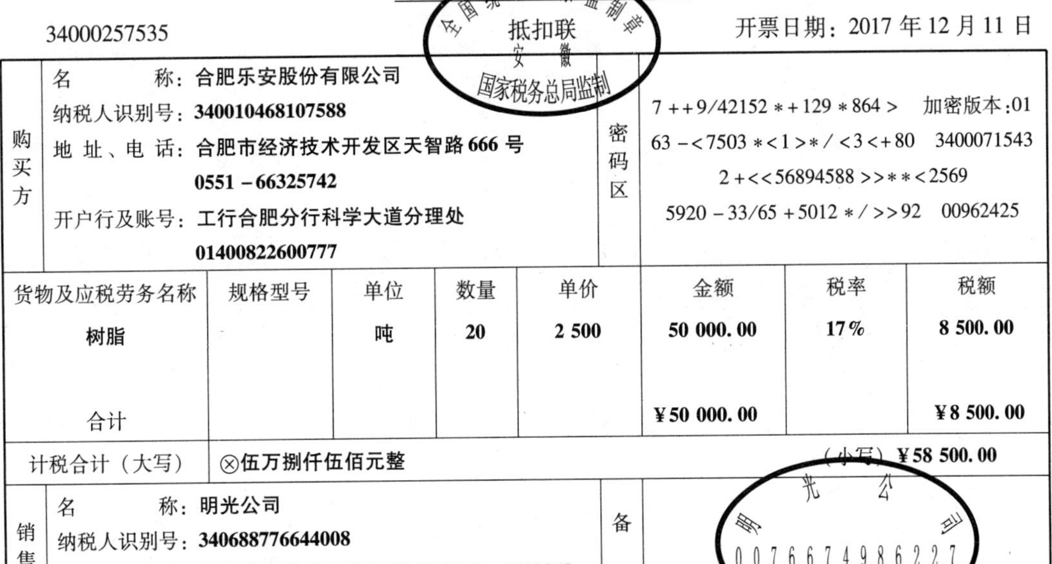

安徽增值税专用发票

No 002222529

34000257535　　开票日期：2017 年 12 月 11 日

购买方	名称：合肥乐安股份有限公司 纳税人识别号：340010468107588 地址、电话：合肥市经济技术开发区天智路 666 号 0551－66325742 开户行及账号：工行合肥分行科学大道分理处 01400822600777	密码区	7 ++9/42152 **+129 *864 >　加密版本:01 63 -<7503 *<1 >*/<3<+80　3400071543 2 +<<56894588 >>**<2569 5920 -33/65 +5012 */>>92　00962425				
货物及应税劳务名称	规格型号	单位	数量	单价	金额	税率	税额
树脂		吨	20	2 500	50 000.00	17%	8 500.00
合计					¥50 000.00		¥8 500.00
价税合计（大写）	⊗伍万捌仟伍佰元整				（小写）¥58 500.00		
销售方	名称：明光公司 纳税人识别号：340688776644008 地址、电话：安徽淮南市董家弯路 51 号 0554－5623868 开户行及账号：工行淮南市董家弯路支行 377661100799213	备注					

第二联：抵扣联　购买方扣税凭证

收款人：陈蔚　　复核：周财　　开票人：洪青霞　　销货单位：（盖章）

凭证 48－3

安徽增值税专用发票

N o 002222529

34000257535　　　　　　　　　　　　　　　开票日期：2017 年 12 月 11 日

购买方	名　称：合肥乐安股份有限公司 纳税人识别号：340010468107588 地 址、电 话：合肥市经济技术开发区天智路 666 号 0551－66325742 开户行及账号：工行合肥分行科学大道分理处 01400822600777	密码区	7＋＋9/42152＊＋129＊864＞　加密版本:01 63－＜7503＊＜1＞＊/＜3＜＋80　3400071543 2＋＜＜56894588＞＞＊＊＜2569 5920－33/65＋5012＊/＞＞92　00962425

货物及应税劳务名称	规格型号	单位	数量	单价	金额	税率	税额
树脂		吨	20	2 500	50 000.00	17％	8 500.00
合计					¥50 000.00		¥8 500.00
计税合计（大写）	⊗伍万捌仟伍佰元整					（小写）¥58 500.00	

销售方	名　称：明光公司 纳税人识别号：340688776644008 地 址、电 话：安徽淮南市董家弯路 51 号 0554－5623868 开户行及账号：工行淮南市董家弯路支行 377661100799213	备注	

收款人：陈蔚　　复核：周财　　开票人：洪青霞　　销货单位：（盖章）

第三联：发票联　购买方记账凭证

凭证 48－4

中国工商银行　业务委托书　3

INDUSTRIAL AND COMMERCIAL BANK OF CHINA　　　APPLICATION FOR MONEY TRANSEFER

委托日期 DATE 2017 年 Y12 月 M11 日 D　　　皖 A 01253655

银行打印					
业务类型 TPYE	☑电汇 T/T　☐信汇 M/T　☐汇票申请书 D/D　☐本票申请书 P/D　☐其他 OTHERS		汇款方式：☐普通　☐加急 TPYE OF REMITTANCE REGULA URGENT		
委托人 APPLICANT	全称 FULL NAME	合肥乐安股份有限公司	收款人 PAYEE	全称 FULL NAME	明光公司
	账号或地址 ACCOUNT NO. OR ADDRESS	01400822600777		账号或地址 ACCOUNT NO. OR ADDRESS	00377661100799213
	开户行名称 ACCOUNT BANK NAME	工行合肥分行科学大道分理处		开户行名称 ACCOUNT BANK NAME	工行淮南市董家弯路支行
	开户银行 ACCOUNT BANK	安徽省　合肥市 PROVINCE CITY		开户银行 ACCOUNT BANK	安徽省　淮南市 PROVINCE CITY

金额（大写）人民币 AMOUNT IN WORDS RMB	百	十	万	千	百	十	元	角	分
伍万捌仟伍佰元整		¥	5	8	5	0	0	0	0

支付密码 S. C 加急汇款签字 SIGNATURE FOR URGENT PAYMENT 附加信息及用途 MESSAGE AND PURPOSE　还前欠货款	上述款项及相关费用请从我账户内支付 the above remittance and relate charges are to be draw on my account. 客户签章 Applicant signature and/or stamp. （加盖预留银行签章）

中国工商银行合肥分行　转账　转讫

事后监管：　　会计主管：　　复核：　　记账：

注：本业务委托书一式三联：第一联记账联，交银行；第二联发报或出票依据，交银行；第三联回单联，银行盖章后退回给企业据以入账。

49. 11 日，以现金报销厂部管理部门职工蒋文丽医药费 970. 00 元。有关单据见凭证 49 – 1。

凭证 49 – 1

安徽省医疗门诊收费票据

业务流水号：2017121133665582　　医疗机构类型：　　皖财专（2017）A No. 0017971598

姓名：蒋文丽	性别：女			医保类型：实时医保（普通）	社会保障号码：10899542		
项目/规格	数量	金额	个人支付金额	项目/规格	数量	金额	个人支付金额
检查费	1	90. 00		西药费	1	650. 00	
治疗费	1	200. 00		中成药费			
放射费				中草药费			
手术费				自费中药			
化验费	1	30. 00		自费西药			
输血费				其他			
观察费							
合计（大写）：玖佰柒拾元整				¥970. 00			
医保统筹支付：0. 00	个人账户支付：970. 00			其他医保支付：	个人支付金额：		

第一联：收据联

合肥市人民医院 现金清讫 (01)

收款单位（章）：安徽省立医院　　收款人（签章）：金晨曦　　2017 年 12 月 11 日

50. 11 日，经批准报废解放运输汽车一辆，原价 20 万元，已提折旧 18. 5 万元。有关单据见凭证 50 – 1、凭证 50 – 2。

凭证 50 – 1

固定资产清理单

2017 年 12 月 11 日　　编号：001

固定资产名称		编号		规格型号		开始使用时间	
解放运输汽车		皖 A08836		载重 8 吨		2007. 12. 01	
报废申请单编号及批准时间							
固定资产原值		200 000. 00		已提折旧		185 000. 00	
开始清理时间				完成清理时间			
清理费用与变价收入							
清理费用				变价收入			
时间	凭证	项目	金额	时间	凭证	项目	金额
备注							

凭证 50－2

固定资产报废审批表

申报单位：合肥乐安股份有限公司　　2017 年 12 月 11 日　　金额单位：元

固定资产名称	解放牌货车	单位	辆	规格	载重 8 吨	数量	1
资产编号	皖 A08836	使用时间	2007. 12. 01	购建时间	2007. 12. 01	使用部门	销售部
已使用年限	10	原值	200 000. 00	已提折旧		185 000. 00	
应效用年限	10	净值	8 000. 00	预计清理残值			
报废原因	使用年限已到，经车辆年检不合格，不能上路						
使用部门意见	不符合行车要求，不能上路行驶。 负责人：丁琳　　经办人：汪小奥　　（盖章）2017 年 12 月 11 日						
公司最高管理层意见	同意报废。 董事长：程宏　　（盖章）2017 年 12 月 11 日						
注明：如企业属于国有企业的，还需报经上级主管部门以及国有资产管理局审批。							

（印章：合肥乐安股份有限公司 财务专用章）

51. 12 日，支付前欠明光公司货款 100 万元。有关单据见凭证 51－1。

凭证 51－1

中国工商银行　业务委托书　3

INDUSTRIAL AND COMMERCIAL BANK OF CHINA　　APPLICATION FOR MONEY TRANSEFER

委托日期 DATE 2017 年 Y12 月 M12 日 D　　皖 A 01263656

银行打印				
客户填写	业务类型 TPYE	☑电汇 T/T　□信汇 M/T　□汇票申请书 D/D □本票申请书 P/D　□其他 OTHERS	汇款方式：　□普通　□加急 TPYE OF REMITTANCE REGULA URGENT	
委托人 APPLICANT	全称 FULL NAME	合肥乐安股份有限公司	收款人 PAYEE 全称 FULL NAME	明光公司
	账号或地址 ACCOUNT NO. OR ADDRESS	01400822600777	账号或地址 ACCOUNT NO. OR ADDRESS	00377661100799213
	开户行名称 ACCOUNT BANK NAME	工行合肥分行科学大道分理处	开户行名称 ACCOUNT BANK NAME	工行淮南市董家弯路支行
	开户银行 ACCOUNT BANK	安徽省　合肥市 PROVINCE CITY	开户银行 ACCOUNT BANK	安徽省　淮南市 PROVINCE CITY

金额（大写）人民币 AMOUNT IN WORDS RMB	千	百	十	万	千	百	十	元	角	分
壹佰万元整	¥	1	0	0	0	0	0	0	0	0

支付密码 S. C	上述款项及相关费用请从我账户内支付 the above remittance and relate charges are to be draw on my account.
加急汇款签字 SIGNATURE FOR URGENT PAYMENT	
附加信息及用途 MESSAGE AND PURPOSE　还前欠货款	客户签章 Applicant signature and/or stamp. （加盖预留银行签章）

（印章：中国工商银行合肥分行 转账 转讫）

事后监管：　　会计主管：　　复核：　　记账：

注：本业务委托书一式三联：第一联记账联，交银行；第二联发报或出票依据，交银行；第三联回单联，银行盖章后退回给企业据以入账。

52. 12 日，领用低值易耗品（工作服、金属模具）。有关单据见凭证 52 - 1 至凭证 52 - 5。

凭证 52 - 1

材料出库单

领用单位：供气车间　　　　2017 年 12 月 12 日　　　　No. 0963

品名	单位	单价	数量	金额	备注
工作服	套		4		

第二联　记账联

仓管员：王毅　　　　经手人：张宏

凭证 52 - 2

材料出库单

领用单位：铸造车间　　　　2017 年 12 月 12 日　　　　No. 0964

品名	单位	单价	数量	金额	备注
工作服	套		122		
金属模具	件		300		

第二联　记账联

仓管员：王毅　　　　经手人：杨丽

凭证 52 - 3

材料出库单

领用单位：加工车间　　　　2017 年 12 月 12 日　　　　No. 0965

品名	单位	单价	数量	金额	备注
工作服	套		76		
金属模具	件		100		

第二联　记账联

仓管员：王毅　　　　经手人：邓芳

凭证 52－4

材料出库单

领用单位：仓储部　　　　2017 年 12 月 12 日　　　　No. 0966

品名	单位	单价	数量	金额	备注
工作服	套		8		

第二联　记账联

仓管员：王毅　　　　经手人：程晨

凭证 52－5

材料出库单

领用单位：质检部　　　　2017 年 12 月 12 日　　　　No. 0967

品名	单位	单价	数量	金额	备注
工作服	套		10		

第二联　记账联

仓管员：王毅　　　　经手人：张伟

53. 12 日，从工行提取现金 1 000 元备用。有关单据见凭证 53－1。

凭证 53－1

中国工商银行

现金支票存根（皖）

XIN00062526

附加信息：

出票日期：2017年12月12日

收款人：合肥乐安股份有限公司

金额：¥1 000.00

用途：备用

单位主管：　　　　会计：

54. 13 日，支付前欠铜陵钢铁厂货款 50 万元。有关单据见凭证 54 - 1。

凭证 54 - 1

中国工商银行 业务委托书 3

INDUSTRIAL AND COMMERCIAL BANK OF CHINA　　APPLICATION FOR MONEY TRANSEFER

委托日期 DATE 2017 年 Y12 月 M13 日 D　　皖 A 01253657

<table>
<tr><td colspan="2">银行打印</td><td colspan="12"></td></tr>
<tr><td rowspan="5">客户填写</td><td>业务类型 TPYE</td><td colspan="4">☑电汇 T/T □信汇 M/T □汇票申请书 D/D □本票申请书 P/D □其他 OTHERS</td><td colspan="8">汇款方式：□普通 □加急 TPYE OF REMITTANCE REGULA URGENT</td></tr>
<tr><td rowspan="4">委托人 APPLICANT</td><td>全称 FULL NAME</td><td>合肥乐安股份有限公司</td><td rowspan="4">收款人 PAYEE</td><td colspan="5">全称 FULL NAME</td><td colspan="4">铜陵钢铁厂</td></tr>
<tr><td>账号或地址 ACCOUNT NO. OR ADDRESS</td><td>01400822600777</td><td colspan="5">账号或地址 ACCOUNT NO. OR ADDRESS</td><td colspan="4">005570098733558</td></tr>
<tr><td>开户行名称 ACCOUNT BANK NAME</td><td>工行合肥分行科学大道分理处</td><td colspan="5">开户行名称 ACCOUNT BANK NAME</td><td colspan="4">工行铜陵市黄山路支行</td></tr>
<tr><td>开户银行 ACCOUNT BANK</td><td>安徽省 合肥市 PROVINCE CITY</td><td colspan="5">开户银行 ACCOUNT BANK</td><td colspan="4">安徽省 铜陵市 PROVINCE CITY</td></tr>
<tr><td colspan="4" rowspan="2">金额（大写）人民币 AMOUNT IN WORDS RMB 伍拾万元整</td><td>百</td><td>十</td><td>万</td><td>千</td><td>百</td><td>十</td><td>元</td><td>角</td><td>分</td></tr>
<tr><td>¥</td><td>5</td><td>0</td><td>0</td><td>0</td><td>0</td><td>0</td><td>0</td><td>0</td></tr>
<tr><td colspan="4">支付密码 S. C</td><td colspan="9" rowspan="3">上述款项及相关费用请从我账户内支付 the above remittance and relate charges are to be draw on my account.
客户签章 Applicant signature and/or stamp.
（加盖预留银行签章）</td></tr>
<tr><td colspan="4">加急汇款签字 SIGNATURE FOR URGENT PAYMENT</td></tr>
<tr><td colspan="4">附加信息及用途 MESSAGE AND PURPOSE 还前欠货款</td></tr>
</table>

（印章：中国工商银行合肥分行 转账 转讫）

事后监管：　　会计主管：　　复核：　　记账：

注：本业务委托书一式三联：第一联记账联，交银行；第二联发报或出票依据，交银行；第三联回单联，银行盖章后退回给企业据以入账。

55. 13 日，预付泰安贸易公司树脂购料款 150 000 元（电汇）。有关单据见凭证 55 －1。

凭证 55 －1

中国工商银行　业务委托书　　3

INDUSTRIAL AND COMMERCIAL BANK OF CHINA　　　　APPLICATION FOR MONEY TRANSEFER

委托日期 DATE 2017 年 Y12 月 M13 日 D　　　　皖 A 01253658

银行打印						
客户填写	业务类型 TPYE	☑电汇 T/T　□信汇 M/T　□汇票申请书 D/D □本票申请书 P/D　□其他 OTHERS		汇款方式：　□普通　□加急 TPYE OF REMITTANCE REGULA URGENT		
	委托人 APPLICANT	全称 FULL NAME	合肥乐安股份有限公司	收款人 PAYEE	全称 FULL NAME	泰安贸易公司
		账号或地址 ACCOUNT NO. OR ADDRESS	01400822600777		账号或地址 ACCOUNT NO. OR ADDRESS	0899211100783208
		开户行名称 ACCOUNT BANK NAME	工行合肥分行科学大道分理处		开户行名称 ACCOUNT BANK NAME	工行庐山路支行
		开户银行 ACCOUNT BANK	安徽省　合肥市 PROVINCE CITY		开户银行 ACCOUNT BANK	江西省　九江市 PROVINCE CITY

金额（大写）人民币 AMOUNT IN WORDS RMB　壹拾伍万元整	百	十	万	千	百	十	元	角	分
	¥	1	5	0	0	0	0	0	0

支付密码 S. C	上述款项及相关费用请从我账户内支付 the above remittance and relate charges are to be draw on my account.
加急汇款签字 SIGNATURE FOR URGENT PAYMENT	
附加信息及用途 MESSAGE AND PURPOSE　付货款	客户签章 Applicant signature and/or stamp. （加盖预留银行签章）

中国工商银行合肥分行　转　账　转讫

事后监管：　　　　会计主管：　　　　复核：　　　　记账：

注：本业务委托书一式三联：第一联记账联，交银行；第二联发报或出票依据，交银行；第三联回单联，银行盖章后退回给企业据以入账。

56. 13 日，MF6 －5 型钻孔机和 DA8 －7 型开孔机完工并验收入库。有关单据见凭证 56 －1。

凭证 56 －1

产品入库单

地点：一号库　　　　2017 年 12 月 13 日　　　　No. 0022

品名	单位	单位成本	数量	金额	备注
MF6 －5 型钻孔机	台		320		
DA8 －7 型开孔机	台		230		
合计			550		

第二联　记账联

仓管员：王芳　　　　经手人：林华

57. 13 日，向富民公司销售 MF6－5 型钻孔机 70 台，单价 5 380 元，增值税税率 17%，领用木箱 70 个，不单独计价。收到不带息商业承兑汇票一张。有关单据见凭证 57－1 至凭证 57－3。

凭证 57－1

安徽增值税专用发票

No 004635487

3400073370　　记账联　　开票日期：2017 年 12 月 13 日

购买方	名　　称：富民公司 纳税人识别号：340088229144302 地 址、电 话：安徽省芜湖市开源路 346 号 0553－45685666 开户行及账号：工行芜湖市分行开源支行 3572659816522490	密码区	7++9/42152**+129*864>　加密版本:01 63－<7503*<1>*/<3<+80　3400071543 2+<<56894588>>**<2569 5920－33/65+5012*/>>92　00962425

货物及应税劳务名称	规格型号	单位	数量	单价	金额	税率	税额
MF6－5 型钻孔机		台	70	5 380.00	376 600.00	17%	64 022.00
合计					¥376 600.00		¥64 022.00
价税合计（大写）	⊗肆拾肆万零陆佰贰拾贰元整					（小写）¥440 622.00	

销售方	名　　称：合肥乐安股份有限公司 纳税人识别号：340010468107588 地 址、电 话：安徽省合肥市经济技术开发区天智路 666 号 0551－66325742 开户行及账号：工行合肥分行科学大道分理处 01400822600777	备注	合肥乐安股份有限公司 004366670116 发票专用章

收款人：张敏　　复核：胡杨　　开票人：闵鑫福　　销货单位：（盖章）

第一联：记账联　销售方记账凭证

凭证 57－2

产品销售出库单

购货单位：富民公司　　2017 年 12 月 13 日　　No. 0022640

品名	单位	单价	数量	金额	备注
MF6－5 型钻孔机	台		70		
木箱	只		70		
购货方采购员签字：胡显魏					

记账：汪越　　发货：刘文辉　　制单：苗小惠

第二联　记账联

凭证 57－3

商业承兑汇票（卡片）　　2

出票日期（大写）　贰零壹柒年壹拾贰月壹拾叁日　　$\frac{A}{0}\frac{A}{1}$　02030065

付款人	全称	富民公司	收款人	全称	合肥乐安股份有限公司
	账号	12067901652014468		账号	01400822600777
	开户银行	工行芜湖市分行东马路支行		开户银行	工行合肥分行科学大道分理处
出票金额	人民币（大写）	肆拾肆万零陆佰贰拾贰元整	亿 千 百 十 万 千 百 十 元 角 分		¥ 4 4 0 6 2 2 0 0
汇票到期日（大写）		贰零壹捌年零贰月壹拾叁日	付款人开户行	行号	326852
交易合同号码		12－0098		地址	芜湖市大光区东马路
本汇票已经承兑，到期无条件支付票款。 富民公司 财务专用章　珊王印珊 承兑人签章 承兑日期：2017. 12. 13			本汇票请予以承兑于到期日付款 富民公司 财务专用章　珊王印珊 出票人签章		

此联持票人开户行随托收凭证寄付款人开户行作借方凭证附件

58. 13 日，以现金报销销售部招待费 3 450 元。有关单据见凭证 58－1、凭证 58－2。

凭证 58－1

安徽省国家税务局通用机打发票

皖国税（2016）印字第 8 号

（全国统一发票监制章 安徽 国家税务总局监制）

发票代码：234010870312

发票号码：00357232

购货方名称：合肥乐安股份有限公司

购货方税号：340010468107588

销售方名称：合肥市金满楼酒店

销售方税号：000000640054BE7056775

发票日期：2017 年 12 月 13 日

项目	含税单价	数量	含税金额
餐饮费			3 450.00

（合肥市金满楼酒店 0601344122 发票专用章）

合计金额（小写）：3 254. 72

合计税额（小写）：195. 28

价税合计（小写）：3 450. 00

价税合计（大写）：叁仟肆佰伍拾元整

校验码：11611291214205688320

除客户名称手写无效

凭证 58 －2

合肥乐安股份有限公司报销封面

2017 年 12 月 13 日

开支内容：业务招待费　　　　　　　　单据张数：壹张

共计报销金额

人民币（大写）叁仟肆佰伍拾元整　　　　　　¥3 450.00

负责人审批意见	报销人	工作部门：销售部 姓名（盖章） 张玲
同意报销。 现　金　付　讫 程宏 2017. 12. 13	会计审核意见	已核 胡杨　2017. 12. 13

59. 13 日，支付下年度报纸杂志费 8 880 元。有关单据见凭证 59 －1、凭证 59 －2。

凭证 59 －1

安徽增值税普通发票

No 005633586

34000365646　　　　开票日期：2017 年 12 月 13 日

（全国统一发票监制章　发票联　安徽　国家税务总局监制）

购买方	名　　称：合肥乐安股份有限公司 纳税人识别号：340010468107588 地 址、电 话：合肥市经济技术开发区天智路 666 号 0551 －66325742 开户行及账号：工行合肥分行科学大道分理处 01400822600777	密码区	7 + + 9/42152 * * 129 * 864 >　加密版本:01 63 – <7503 * <1 > * / <3 < +80　3400071543 2 + < <56894588 > > * * <2569 5920 –33/65 +5012 * / > >92　32566879

货物及应税劳务名称	规格型号	单位	数量	单价	金额	税率	税额
报纸杂志费				8 000.00	8 000.00	11%	880
合计					¥8 000.00		¥880.00
计税合计（大写）	⊗捌仟捌佰捌拾元整				（小写）¥8 880.00		

销售方	名　　称：合肥市邮政管理局 纳税人识别号：340588665455239 地 址、电 话：合肥市蜀山区黄山路 626 号 0551 –65350936 开户行及账号：工行合肥市黄山路支行 00256556982588369	备注	（合肥市邮政管理局 0503655899 发票专用章）

收款人：王媛　　复核：高丽　　开票人：沈小青　　销货单位：（盖章）

第二联：发票联　购买方记账凭证

凭证 59－2

中国工商银行
转账支票存根（皖）
XIN00081024
附加信息：
出票日期：2017年12月13日
收款人：合肥市邮政局
金额：¥8 880.00
用途：订报纸杂志款
单位主管：　　　　会计：

60. 14 日，卖出当月购入的上海能源股票，实收 432 824 元。有关单据见凭证 60－1、凭证 60－2。

凭证 60－1

证券成交过户交割单

股东名称：合肥乐安股份有限公司

股东代码：A0117256321　　　　日期：2017. 12. 14

交割日期	业务名称	证券代码	证券名称	成交价格	成交数量	剩余数量	成交金额	佣金	印花税	过户费	附加费	应付金额	实收金额	资金余额
2017. 12. 14	证券卖入	600508	上海能源股票	14. 50	30 000	30 000	435 000. 00	1 525. 00	650. 00	1. 00	0. 00	432 824. 00		

凭证 60－2

银河证券合肥营业部

卖　委 托 书　　No. 037654　合同序号：0030341

资金账号：×××××××××××××××

证券账号：×××××××××××××××

委托人：合肥乐安股份有限公司　　2017 年 12 月 14 日上午 10：30 时整

证券名称	股数与面额	限价	有效时间	附注
上海能源股票	30 000 股	14. 45 元/股		
场内成交单号码				

委托方式	
电话	
电报	
书信	
当面委托	
划款方式	
自动划账	
当面签收	

营业员签章：________　　委托人签章：________

注意：1. 未填明（限价）者视为市价委托。　4. 书面或电报委托者应粘附函电。

2. 未填明（有效期限）者视为当日有效。　5. 买卖如未成交，委托书应保存。

3. 委托方式应予标明。

②

61. 14 日，朱丽云出差预借差旅费 2 600 元，以现金支付。有关单据见凭证 61 -1。

凭证 61 -1

借 款 单

2017 年 12 月 14 日　　　　第 000127 号

借款部门	销售部	姓名	朱丽云	事由	往武汉市联系业务
借款金额（大写）	贰仟陆佰元零角零分				￥ 2 600.00
部门负责人签署	同意。余力	借款人签章	朱丽云 2017. 12. 14	注意事项	
单位领导批示	同意。程宏	财务经理审核意见	同意。胡杨 现金付讫		

第二联　记账联

62. 14 日，向江北钢铁厂购生铁 30 吨，单价 3 725 元，增值税税率 17%，对方代垫运费 5 550. 00 元，款项尚未支付，材料已入库。有关单据见凭证 62 -1 至凭证 62 -5。

凭证 62 -1

河南增值税专用发票　　　　N o 00489227

抵扣联　（全国统一发票监制章 河南 国家税务总局监制）

320088703　　　　开票日期：2017 年 12 月 14 日

购买方	名　　称：合肥乐安股份有限公司 纳税人识别号：340010468107588 地 址、电 话：合肥市经济技术开发区天智路 666 号 0551 -66325742 开户行及账号：工行合肥分行科学大道分理处 01400822600777	密码区	7 ++9/42152 * + 129 * 864 >　加密版本:01 63 -<7503 * <1 >*/ <3 <+80　3400071543 2 + < <56894588 >> * * <2569 5920 -33/65 +5012 * / >>92　00489227

货物及应税劳务名称	规格型号	单位	数量	单价	金额	税率	税额
生铁		吨	30	3 725. 00	111 750. 00	17%	18 997. 50
合计					￥111 750. 00		￥18 997. 50
计税合计（大写）	⊗壹拾叁万零柒佰肆拾柒元伍角整				（小写）￥130 747. 50		

销售方	名　　称：江北钢铁厂 纳税人识别号：340546894616442 地 址、电 话：河南新乡驾云路 54 号 0373 -5274672 开户行及账号：工行新乡市第三支行 220802561560570	备注	江北钢铁厂 0581344476 发票专用章

收款人：吴因　　复核：李娜　　开票人：张乔　　销货单位：（盖章）

第二联：抵扣联　购买方扣税凭证

凭证 62 -2

河南增值税专用发票

No 00489227

320088703　　发票联　　开票日期：2017 年 12 月 14 日

购买方	名　　称：合肥乐安股份有限公司 纳税人识别号：340010468107588 地 址、电 话：合肥市经济技术开发区天智路 666 号 0551 -66325742 开户行及账号：工行合肥分行科学大道分理处 01400822600777	密码区	7 ++9/42152 **+129 *864 >　加密版本:01 63 -<7503 *<1>*/<3<+80　3400071543 2 +<<56894588 >>**<2569 5920 -33/65 +5012 */>>92　00489227

货物及应税劳务名称	规格型号	单位	数量	单价	金额	税率	税额
生铁		吨	30	3 725.00	111 750.00	17%	18 997.50
合计					¥111 750.00		¥18 997.50
计税合计（大写）	⊗壹拾叁万零柒佰肆拾柒元伍角整				（小写）¥130 747.50		

销售方	名　　称：江北钢铁厂 纳税人识别号：340546894616442 地 址、电 话：河南新乡驾云路 54 号 0373 -5274672 开户行及账号：工行新乡市第三支行 220802561560570	备注	江北钢铁厂 0581344476 发票专用章

收款人：吴因　　复核：李娜　　开票人：张乔　　销货单位：（盖章）

第三联：发票联　购买方记账凭证

凭证 62 -3

材料入库单

2017 年 12 月 14 日　　单号：000125

交来单位及部门	江北钢铁厂	发票号码或生产单号码	00489227	验收仓库	第一仓库	入库日期	2017 年 12 月 14 日	
编码	名称及规格	单位	数量		实际成本			
			交库	实收	单价	金额	运输费	合计	单位成本
	生铁	吨	30	30	3 725.00	11 750.00			

部门经理：胡杨　　会计：汪越　　仓库：刘文辉　　经办人：苗小惠

第二联　记账联

凭证 62－4

河南增值税专用发票　　No 00265669

抵扣联

320066596　　开票日期：2017 年 12 月 14 日

购买方	名　　称：合肥乐安股份有限公司 纳税人识别号：340010468107588 地 址、电 话：合肥市经济技术开发区天智路 666 号 0551－66325742 开户行及账号：工行合肥分行科学大道分理处 01400822600777	密码区	7++9/42152**+129*864>　加密版本:01 63－<7503*<1>*/<3<+80　3400071543 2+<<56894588>>**<2569 5920－33/65+5012*/>>92　00265669

货物及应税劳务名称	规格型号	单位	数量	单价	金额	税率	税额
运费		公里	1 000	5.00	5 000.00	11%	550.00
合计					¥5 000.00		¥550.00
计税合计（大写）	⊗伍仟伍佰伍拾元整					（小写）	¥5 550.00

销售方	名　　称：河南铁路（集团）公司 纳税人识别号：342369695686698 地 址、电 话：河南新乡人民路 66 号 0373－5274628 开户行及账号：工行新乡市人民路支行 226983325665887	备注	河南铁路（集团）公司 6956265846 发票专用章

收款人：吴蕾　　复核：李莹　　开票人：李佑　　销货单位：（盖章）

第二联：抵扣联　购买方扣税凭证

凭证 62－5

河南增值税专用发票　　No 00265669

发票联

320066596　　开票日期：2017 年 12 月 14 日

购买方	名　　称：合肥乐安股份有限公司 纳税人识别号：340010468107588 地 址、电 话：合肥市经济技术开发区天智路 666 号 0551－66325742 开户行及账号：工行合肥分行科学大道分理处 01400822600777	密码区	7++9/42152**+129*864>　加密版本:01 63－<7503*<1>*/<3<+80　3400071543 2+<<56894588>>**<2569 5920－33/65+5012*/>>92　00265669

货物及应税劳务名称	规格型号	单位	数量	单价	金额	税率	税额
运费		公里	1 000	5.00	5 000.00	11%	550.00
合计					¥5 000.00		¥550.00
计税合计（大写）	⊗伍仟伍佰伍拾元整					（小写）	¥5 550.00

销售方	名　　称：河南铁路（集团）公司 纳税人识别号：342369695686698 地 址、电 话：河南新乡人民路 66 号 0373－5274628 开户行及账号：工行新乡市人民路支行 226983325665887	备注	河南铁路（集团）公司 6956265846 发票专用章

收款人：吴蕾　　复核：李莹　　开票人：李佑　　销货单位：（盖章）

第三联：发票联　购买方记账凭证

63. 15 日，支付报废解放牌汽车清理费 1 272 元。有关单据见凭证 63－1、凭证 63－2。

凭证 63－1

中国工商银行
转账支票存根（皖）
XIN00081025
附加信息：

出票日期：2017年12月15日
收款人：民华运输服务公司
金额：¥1 272.00
用途：支付报废解放牌汽车清理费
单位主管：　　　会计：

凭证 63－2

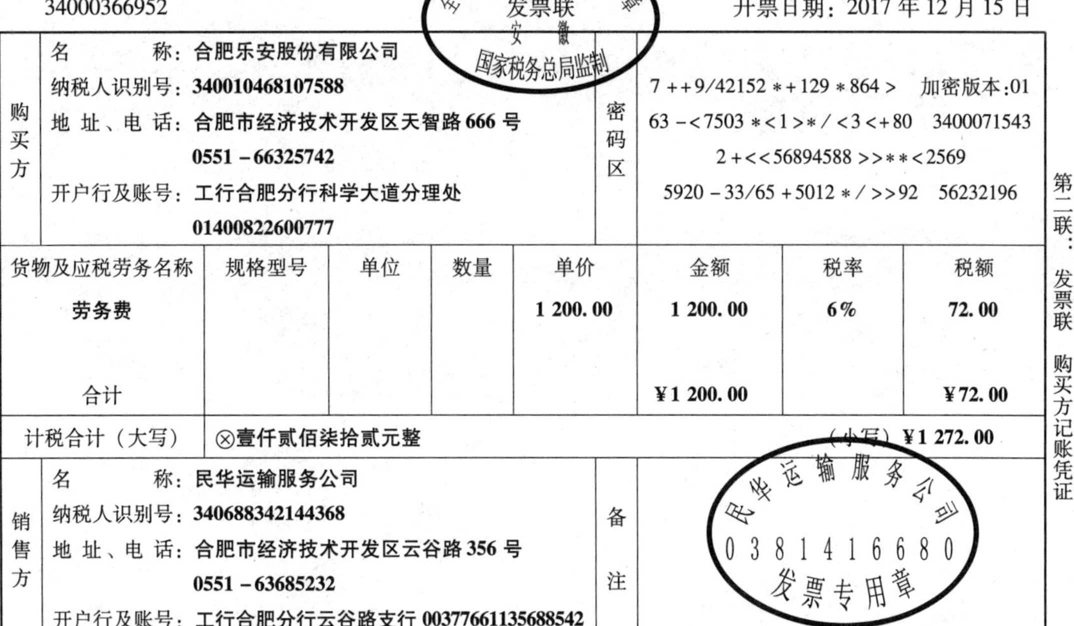

安徽增值税普通发票

No 00101306

34000366952　　　　开票日期：2017 年 12 月 15 日

购买方	名称：合肥乐安股份有限公司 纳税人识别号：340010468107588 地址、电话：合肥市经济技术开发区天智路 666 号 0551－66325742 开户行及账号：工行合肥分行科学大道分理处 01400822600777				密码区	7＋＋9/42152＊＋129＊864＞　加密版本:01 63－＜7503＊＜1＞＊/＜3＜＋80　3400071543 2＋＜＜56894588＞＞＊＊＜2569 5920－33/65＋5012＊/＞＞92　56232196		
货物及应税劳务名称	规格型号	单位	数量	单价	金额	税率	税额	
劳务费				1 200.00	1 200.00	6%	72.00	
合计					¥1 200.00		¥72.00	
价税合计（大写）	⊗壹仟贰佰柒拾贰元整					（小写）¥1 272.00		
销售方	名称：民华运输服务公司 纳税人识别号：340688342144368 地址、电话：合肥市经济技术开发区云谷路 356 号 0551－63685232 开户行及账号：工行合肥分行云谷路支行 00377661135688542				备注			

收款人：吴东成　　复核：黄飞　　开票人：甘志安　　销货单位：（盖章）

第二联：发票联　购买方记账凭证

64. 15 日，报废解放牌汽车残值收入 6 000 元存入银行。有关单据见凭证 64－1、凭证 64－2。

凭证 64－1

中国工商银行　进账单（收账通知）　3

2017 年 12 月 15 日　No. 0093078

出票人	全称	江陵废品公司	收款人	全称	合肥乐安股份有限公司
	账号	2201136589302561		账号	01400822600777
	开户银行	工行合肥市分行汤口支行		开户银行	工行合肥分行科学大道分理处

金额	人民币（大写）	陆仟元整	亿	千	百	十	万	千	百	十	元	角	分
							¥	6	0	0	0	0	0

票据种类	转账支票	票据张数	壹张
票据号码	XIV03021236		

中国工商银行合肥分行　转账　转讫

此联是收款人开户银行交给收款人的收账通知

复核：　记账：　收款人开户银行签章：

凭证 64－2

合肥市江陵废品回收公司

单位地址：汤口路 112 号

税务登记号：440804182203698　收购凭单

工商登记号：4408120002　2017 年 12 月 15 日　No. 0012365

收购货物名称	计量单位	数量	单价	收购金额 万	千	百	十	元	角	分
废钢铁	吨	2	3 000.00		6	0	0	0	0	0
合计（大写）：	人民币陆仟元整			¥	6	0	0	0	0	0

合肥市江陵废品回收公司　0167111685　发票专用章

第二联：交出售单位作收入凭证

划账单位：（盖章）　复核：周易　制单：孟梦

65. 15 日，结转报废解放牌汽车的净损益。有关单据见凭证 65－1。

凭证 65－1

申 请 报 告

销售部使用的解放牌汽车因使用年限已到，经年检不合格报废，发生净损失 10 200.00 元（人民币壹万零贰佰元整），特此申请转作营业外支出处理。

同意。

程宏

2017. 12. 15

财务部负责人：胡杨

2017 年 12 月 15 日

66. 16 日，从工行存款提现 4 000 元。有关单据见凭证 66－1。

凭证 66－1

中国工商银行
现金支票存根（皖）

XIN00062527

附加信息：

出票日期：2017年12月16日

收款人：合肥乐安股份有限公司
金额：¥4 000.00
用途：备用

单位主管：　　　　会计：

67. 16 日，支付水费等 18 028.66 元（委托银行收款）。有关单据见凭证 67－1 至凭证 67－4。

凭证 67－1

安徽省政府性基金（资金）通用票据

9　9

Government Fond Unitary of He Fei Province　　BA026546

财政

缴款单队（人）：合肥乐安股份有限公司　　2017 年 12 月 16 日

Payer　　Y　M　D

执收单位代码 Unit Word	项目编号 Item code	项目名称 Item	计算单位 Uint	计算数量 Quantity	征收标准 Charge Standard	金额（元） Amount
20001236	**2342004054**	**污水处理费**	**0.6**	**8 000**		**4 800.00**
		垃圾处理费				**1 900.00**
合计人民币（大写） ¥Amount（In words）	**陆仟柒佰元零角零分**					**¥6 700.00**
缴款通知书编号 Advice Note No.		缴款方式 Payment Mothod	单位转账	备注 Notes		

收款单位（盖章）：Receiver（seal）　　开票人：Drawer　　收款人：payee

凭证 67－2

托收凭证（付款通知） 5

委托日期：2017 年 12 月 16 日 付款期限：2017 年 12 月 16 日

业务类型	委托收款（☐邮划 ☑电划）托收承付（☐邮划 ☐电划）						
付款人 全称	合肥乐安股份有限公司			收款人 全称	合肥市自来水公司		
账号	01400822600777			账号	421089890046630		
地址	安徽省合肥市	开户行	工行合肥分行科学大道分理处	地址	安徽省合肥市	开户行	工行广玉路支行
金额 人民币（大写）	壹万捌仟零贰拾捌元陆角陆分			千百十万千百十元角分	¥ 1 8 0 2 8 6 6		
款项内容	水费	托收凭据名称		附寄单据张数	叁张		
商品发运情况		合同名称号码					
备注：付款人开户银行收到日期 2017 年 11 月 30 日	付款人开户银行签章 2017 年 12 月 13 日			付款人注意：1. 根据支付结算办法，上列委托收款（托附承付）款项在付款期限内未提出拒付，即视为同意付款，以此代付款通知。2. 如需提出全部或部分拒付，应在规定期限内，将拒付理由书并附债务证明退交开户银行。			

中国工商银行合肥分行 转账 转讫

此联付款人开户银行给付款人按时付款通知

凭证 67－3

安徽增值税专用发票 No 05224791

3400023137 抵扣联 开票日期：2017 年 12 月 16 日

购买方	名称：合肥乐安股份有限公司 纳税人识别号：340010468107588 地址、电话：合肥市经济技术开发区天智路 666 号 0551－66325742 开户行及账号：工行合肥分行科学大道分理处 01400822600777			密码区	2++9/5752**+129*364> 加密版本:01 42－<7503*<1>*/<3<+80 3400023137 2+<<56894523>>**<2569 4512－33/65+30146>>13 005224791		
货物及应税劳务名称	规格型号	单位	数量	单价	金额	税率	税额
自来水		吨	7 560	1.35	10 206.00	11%	1 122.66
合计					¥10 206.00		¥1 122.66
价税合计（大写）	⊗壹万壹仟叁佰贰拾捌元陆角陆分				（小写）¥11 328.66		
销售方	名称：合肥市自来水公司 纳税人识别号：340801194371025 地址、电话：蜀山区广玉路 489 号 0551－62356874 开户行及账号：工行广玉路支行 40985020509013102470			备注	合肥市自来水公司 0662511616 发票专用章		

收款人：李城 复核：黄养 开票人：张右 销货单位：（盖章）

第二联：抵扣联 购买方扣税凭证

凭证 67 －4

安徽增值税专用发票

N o 05224791

3400023137　　　　发票联　　　　开票日期：2017 年 12 月 16 日

购买方	名　　称：合肥乐安股份有限公司 纳税人识别号：340010468107588 地 址、电 话：合肥市经济技术开发区天智路 666 号 0551 －66325742 开户行及账号：工行合肥分行科学大道分理处 01400822600777	密码区	2 ++9/5752 ＊+129 ＊364 > 加密版本:01 42 －<7503 ＊<1>＊/ <3<+80 3400023137 2 +<<56894523 >>＊＊<2569 4512 －33/65 +30146 >>13 005224791

货物及应税劳务名称	规格型号	单位	数量	单价	金额	税率	税额
自来水		吨	7 560	1. 35	10 206. 00	11%	1 122. 66
合计					¥10 206. 00		¥1 122. 66
计税合计（大写）	⊗壹万壹仟叁佰贰拾捌元陆角陆分				（小写）¥11 328. 66		

销售方	名　　称：合肥市自来水公司 纳税人识别号：340801194371025 地 址、电 话：蜀山区广玉路 489 号 0551 －62356874 开户行及账号：工行广玉路支行 40985020509013102470	备注	

收款人：李城　　复核：黄养　　开票人：张右　　销货单位：（盖章）

第三联：发票联 购买方记账凭证

68. 16 日，向上海神力电机公司购电机 400 台，单价 1 500 元，增值税税率 17%，已入库。以工行存款支付。有关单据见凭证 68 －1 至凭证 68 －4。

凭证 68 －1

材料入库单

2017 年 12 月 16 日　　　　单号：000126

交来单位及部门	上海神力电机公司	发票号码或生产单号码	033445678	验收仓库	第二仓库	入库日期	2017 年 12 月 16 日	
编码	名称及规格	单位	数量		实际成本			
			交库	实收	单价	金额	运输费	合计	单位成本
	电机	台	400	400	1 500. 00	600 000. 00			

部门经理：胡杨　　会计：汪越　　仓库：刘文辉　　经办人：苗小惠

第二联 记账联

凭证 68－2

上海增值税专用发票　　　　No 033445626

抵扣联

3502556789　　　　开票日期：2017 年 12 月 16 日

购买方	名　　称：合肥乐安股份有限公司 纳税人识别号：340010468107588 地 址、电 话：合肥市经济技术开发区天智路 666 号 0551－66325742 开户行及账号：工行合肥分行科学大道分理处 01400822600777	密码区	2++9/5752**+129*364>　加密版本:01 42－<7503*<1>*/<3<+80　3400023127 2+<<56894523>>**<2569 4512－33/65+30146>>13　003445626

货物及应税劳务名称	规格型号	单位	数量	单价	金额	税率	税额
电机	TZR	台	400	1 500.00	600 000.00	17%	102 000.00
合计					¥600 000.00		¥102 000.00
计税合计（大写）	⊗柒拾万零贰仟元整					（小写）	¥702 000.00

销售方	名　　称：上海神力电机公司 纳税人识别号：441981194627685 地 址、电 话：上海市祁门路 68 号 021－66325889 开户行及账号：工行祁门路支行 456789212456	备注	上海神力电机公司 345300411780 发票专用章

收款人：刘鑫　　复核：孟慧　　开票人：方琼　　销货单位：（盖章）

第二联：抵扣联　购买方扣税凭证

凭证 68－3

上海增值税专用发票　　　　No 033445626

发票联

3502556789　　　　开票日期：2017 年 12 月 16 日

购买方	名　　称：合肥乐安股份有限公司 纳税人识别号：340010468107588 地 址、电 话：合肥市经济技术开发区天智路 666 号 0551－66325742 开户行及账号：工行合肥分行科学大道分理处 01400822600777	密码区	2++9/5752**+129*364>　加密版本:01 42－<7503*<1>*/<3<+80　3400023127 2+<<56894523>>**<2569 4512－33/65+30146>>13　003445626

货物及应税劳务名称	规格型号	单位	数量	单价	金额	税率	税额
电机	TZR	台	400	1 500.00	600 000.00	17%	102 000.00
合计					¥600 000.00		¥102 000.00
计税合计（大写）	⊗柒拾万零贰仟元整					（小写）	¥702 000.00

销售方	名　　称：上海神力电机公司 纳税人识别号：441981194627685 地 址、电 话：上海市祁门路 68 号 021－66325889 开户行及账号：工行祁门路支行 456789212456	备注	上海神力电机公司 345300411780 发票专用章

收款人：刘鑫　　复核：孟慧　　开票人：方琼　　销货单位：（盖章）

第三联：发票联　购买方记账凭证

凭证 68 - 4

中国工商银行 业务委托书 3

INDUSTRIAL AND COMMERCIAL BANK OF CHINA APPLICATION FOR MONEY TRANSEFER

委托日期 DATE 2017 年 Y12 月 M16 日 D 皖 A 01253759

<table>
<tr><td>银行打印</td><td colspan="14"></td></tr>
<tr><td rowspan="5">客户填写</td><td colspan="2">业务类型 TPYE</td><td colspan="2">☑电汇 T/T □信汇 M/T □汇票申请书 D/D □本票申请书 P/D □其他 OTHERS</td><td colspan="10">汇款方式： □普通 □加急
TPYE OF REMITTANCE REGULA URGENT</td></tr>
<tr><td rowspan="4">委托人 APPLICANT</td><td colspan="2">全称 FULL NAME</td><td>合肥乐安股份有限公司</td><td rowspan="4">收款人 PAYEE</td><td colspan="4">全称 FULL NAME</td><td colspan="5">上海神力电机公司</td></tr>
<tr><td colspan="2">账号或地址 ACCOUNT NO. OR ADDRESS</td><td>01400822600777</td><td colspan="4">账号或地址 ACCOUNT NO. OR ADDRESS</td><td colspan="5">050205010023526891</td></tr>
<tr><td colspan="2">开户行名称 ACCOUNT BANK NAME</td><td>工行合肥分行科学大道分理处</td><td colspan="4">开户行名称 ACCOUNT BANK NAME</td><td colspan="5">工行祁门路支行</td></tr>
<tr><td colspan="2">开户银行 ACCOUNT BANK</td><td>安徽省 合肥市
PROVINCE CITY</td><td colspan="4">开户银行 ACCOUNT BANK</td><td colspan="5">上海市 祁门路
PROVINCE CITY</td></tr>
<tr><td colspan="5" rowspan="2">金额（大写）人民币 AMOUNT IN WORDS RMB 柒拾万零贰仟元整</td><td>百</td><td>十</td><td>万</td><td>千</td><td>百</td><td>十</td><td>元</td><td>角</td><td>分</td></tr>
<tr><td>¥</td><td>7</td><td>0</td><td>2</td><td>0</td><td>0</td><td>0</td><td>0</td><td>0</td></tr>
<tr><td colspan="5">支付密码 S. C</td><td colspan="9" rowspan="3">上述款项及相关费用请从我账户内支付
the above remittance and relate charges are to be draw on my account.

客户签章 Applicant signature and/or stamp.
（加盖预留银行签章）</td></tr>
<tr><td colspan="5">加急汇款签字 SIGNATURE FOR URGENT PAYMENT</td></tr>
<tr><td colspan="5">附加信息及用途 MESSAGE AND PURPOSE 付货款</td></tr>
</table>

中国工商银行合肥分行 转 账 转讫

事后监管： 会计主管： 复核： 记账：

注：本业务委托书一式三联：第一联记账联，交银行；第二联发报或出票依据，交银行；第三联回单联，银行盖章后退回给企业据以入账。

69. 16 日，10 月销售 MF6 - 5 型钻孔机退回 10 台，单价 5 510 元，增值税税率 17%，货款已退回给建勋公司。（MF6 - 5 型钻孔机单位成本为 3 650 元）。有关单据见凭证 69 - 1 至凭证 69 - 3。

凭证 69－1

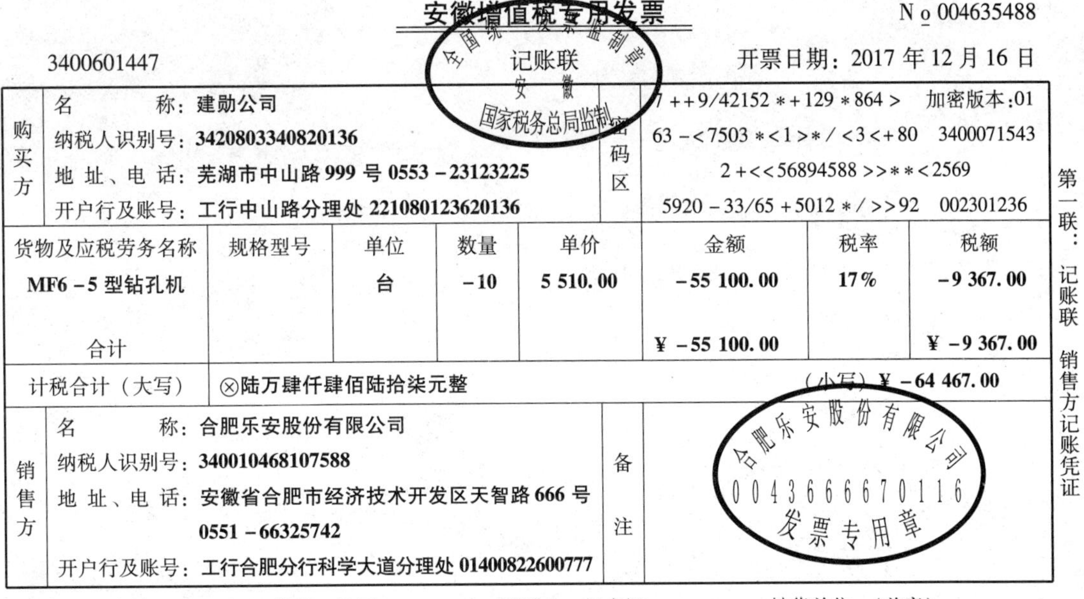

安徽增值税专用发票　　　　N o 004635488

3400601447　　　　记账联　　　　开票日期：2017 年 12 月 16 日

购买方	名　　称：建勋公司 纳税人识别号：342080334082013 6 地 址、电 话：芜湖市中山路 999 号 0553－23123225 开户行及账号：工行中山路分理处 221080123620136	密码区	7 ++9/42152 **+129 *864 >　加密版本:01 63 －<7503 *<1 >*/ <3 <+80　3400071543 2 +<<56894588 >>**<2569 5920 －33/65 +5012 */ >>92　002301236

货物及应税劳务名称	规格型号	单位	数量	单价	金额	税率	税额
MF6－5 型钻孔机		台	－10	5 510.00	－55 100.00	17%	－9 367.00
合计					¥ －55 100.00		¥ －9 367.00
计税合计（大写）	⊗陆万肆仟肆佰陆拾柒元整				（小写）¥ －64 467.00		

销售方	名　　称：合肥乐安股份有限公司 纳税人识别号：340010468107588 地 址、电 话：安徽省合肥市经济技术开发区天智路 666 号 0551－66325742 开户行及账号：工行合肥分行科学大道分理处 01400822600777	备注	

第一联：记账联　销售方记账凭证

收款人：张敏　　　复核：吴同　　　开票人：闵鑫福　　　销货单位：（盖章）

凭证 69－2

中国工商银行　业务委托书　　3

INDUSTRIAL AND COMMERCIAL BANK OF CHINA　　　APPLICATION FOR MONEY TRANSEFER

委托日期 DATE 2017 年 Y12 月 M16 日 D　　　皖 A 01253660

银行打印				
客户填写	业务类型 TPYE	☑电汇 T/T　☐信汇 M/T　☐汇票申请书 D/D　☐本票申请书 P/D　☐其他 OTHERS	汇款方式：☐普通　☐加急 TPYE OF REMITTANCE REGULA URGENT	
委托人 APPLICANT	全称 FULL NAME	合肥乐安股份有限公司	收款人 PAYEE 全称 FULL NAME	建勋公司
	账号或地址 ACCOUNT NO. OR ADDRESS	01400822600777	账号或地址 ACCOUNT NO. OR ADDRESS	221080123620136
	开户行名称 ACCOUNT BANK NAME	工行合肥分行科学大道分理处	开户行名称 ACCOUNT BANK NAME	工行中山路分理处
	开户银行 ACCOUNT BANK	安徽省　合肥市 PROVINCE CITY	开户银行 ACCOUNT BANK	安徽省　芜湖市 PROVINCE CITY

金额（大写）人民币 AMOUNT IN WORDS RMB	陆万肆仟肆佰陆拾柒元整	百	十	万	千	百	十	元	角	分
			¥	6	4	4	6	7	0	0

支付密码 S. C	上述款项及相关费用请从我账户内支付 the above remittance and relate charges are to be draw on my account.
加急汇款签字 SIGNATURE FOR URGENT PAYMENT	
附加信息及用途 MESSAGE AND PURPOSE　付货款	客户签章 Applicant signature and/or stamp. （加盖预留银行签章）

事后监管：　　　会计主管：　　　复核：　　　记账：

注：本业务委托书一式三联：第一联记账联，交银行；第二联发报或出票依据，交银行；第三联回单联，银行盖章后退回给企业据以入账。

凭证 69－3

产品销售出库单

购货单位：建勋公司　　2017 年 12 月 16 日　　No. 0022641

品名	单位	单价	数量	金额	备注
MF6－5 型钻孔机	台		－10		销货退回
购货方采购员签字：赵勤					

第二联　记账联

记账：汪越　　发货：刘文辉　　制单：苗小惠

70. 16 日，以现金支付供气车间薛宝丽生活困难补助费 1 500 元。有关单据见凭证 70－1。

凭证 70－1

职工困难补助申请表（代现金收据）

2017 年 12 月 16 日

申请人姓名	薛宝丽	所在部门		供气车间
申请金额	1 500.00	家庭年人均收入		1 500.00
申请理由	爱人下岗、女儿病重			现金付讫
工会小组意见	情况属实，建议补壹仟伍佰元整。 张亚明 2017.12.16	厂工会批示	同意工会小组意见。 王雅 2017.12.16	人民币（大写）：壹仟伍佰元整 签收：薛宝丽 2017.12.16

71. 16 日，提现 301 961.90 元，备发工资。有关单据见凭证 71－1。

凭证 71－1

中国工商银行

现金支票存根（皖）

XIN00062528

附加信息：

出票日期：2017年12月16日

收款人：合肥乐安股份有限公司

金额：¥301 961.90

用途：备发工资

单位主管：　　会计：

72. 16 日，发放工资。有关单据见凭证 72－1、凭证 72－2。

凭证 72－1

工资结算汇总表（简表）

编制单位：合肥乐安股份有限公司　　　　2017 年 12 月

部门 \ 项目		人数	基本工资、奖金、津贴等	应付工资	代扣款项			实发工资	签名
					水电费	代扣养老、医疗、失业保险	个人所得税		
铸造车间	管理人员	2	4 950.00	4 950.00	200.00	544.50	3.60	4 201.9	略
	工人	70	149 560.00	149 560.00	5 820.00	16 451.60	4.30	127 284.10	略
加工车间	管理人员	3	7 450.00	7 450.00	180.50	819.50	12.10	6 437.90	略
	工人	55	124 300.00	124 300.00	3 650.00	13 673.00	75.80	106 901.20	略
供气车间	管理人员	2	3 900.00	3 900.00	159.00	429.00	0.00	3 312.00	略
	工人	10	22 050.00	22 050.00	764.00	2 425.00	10.20	18 850.30	略
行政办公室		4	10 500.00	10 500.00	410.20	1 155.00	129.60	8 805.20	略
质检部		4	8 060.00	8 060.00	310.20	886.60	0.00	6 863.20	略
销售经营部		4	10 300.00	10 300.00	378.00	1 133.00	12.40	8 776.60	略
仓储部		2	3 950.00	3 950.00	167.00	434.50	0.00	3 348.50	略
财务部		4	8 450.00	8 450.00	326.10	929.50	13.40	7 181.00	略
合计		160	35 3470.00	35 3470.00	12 365.00	38 881.70	261.40	301 961.90	

会计主管：胡杨　　　　复核：张新　　　　制表：闵鑫福

注：养老金按 8% 代扣；医疗保险按 2% 代扣；失业保险按 1% 代扣。

凭证 72－2

中国工商银行（ 科学大道 ） 分行电子缴税付款凭证

转账日期：2017－12－16　　　　凭证字号：7015564561

纳税人全称及纳税人识别号：　合肥乐安股份有限公司 340883456119

付款人全称：　合肥乐安股份有限公司

付款人账号：　014008220600777　　　　征收机关名称：　合肥市经济开发区地方税务局

付款人开户银行：　工行合肥分行科学大道分理处　　　　收款国库（银行）名称：　工行合肥市分行天智路分理处

小写（合计）金额：　¥119 472.86　　　　缴款书交易流水号：　350080879025554474

大写（合计）金额：　壹拾壹万玖仟肆佰柒拾贰元捌角陆分　　　　税票号：　6102335696

税（费）种名称	所属日期	实缴金额
养老保险单位	2017－11－01 至 2017－11－30	¥33 347.00
养老保险个人	2017－11－01 至 2017－11－30	¥28 277.00
医疗保险单位	2017－11－01 至 2017－11－30	¥35 347.00
医疗保险个人	2017－11－01 至 2017－11－30	¥7 069.40
失业保险单位	2017－11－01 至 2017－11－30	¥7 069.40
失业保险个人	2017－11－01 至 2017－11－30	¥3 534.70
工伤保险单位	2017－11－01 至 2017－11－30	¥2 827.76

会计流水号：　　　　复核：　　　　记账：

第二联　作付款回单（无银行收讫章无效）

73. 17 日，8 日从天津钢铁厂所购的铸铁 35 吨已验收入库。有关单据见凭证 73－1。

凭证 73－1

材料入库单

2017 年 12 月 17 日　　　　单号：000127

交来单位及部门	天津钢铁厂	发票号码或生产单号码	00524168		验收仓库	第一仓库	入库日期	2017 年 12 月 17 日	
编码	名称及规格	单位	数量		实际成本				
			交库	实收	单价	金额	运输费	合计	单位成本
	铸铁	**吨**	**35**	**35**	**4 260. 00**	**149 100. 00**			

第二联　记账联

部门经理：胡杨　　会计：汪越　　仓库：刘文辉　　经办人：苗小惠

74. 17 日，预收南海贸易公司货款 50 万元，产品尚未发出。（要求办理进账手续，本题假设已办妥进账手续）。有关单据见凭证 74－1、凭证 74－2。

凭证 74－1

中国工商银行
银行汇票

付款期限
壹个月

B A 00004056
地名 0 1

出票日期（大写）贰零壹柒年壹拾贰月壹拾柒日　　代理付款行：　　行号：

收款人：合肥乐安股份有限公司　　账号：01400822600777

出票金额 人民币（大写） 伍拾万元整

实际结算金额 人民币（大写）	千	百	十	万	千	百	十	元	角	分
		¥	5	0	0	0	0	0	0	0

申请人：南海贸易公司　　账号：201502030902453262

出票行：工行芜湖市二支行　行号：4202156346

备注在：预收货款

凭票付款

出票行签章

（印章：中国工商银行 2244008562 2 票据专用章）

密押

多余金额									
千	百	十	万	千	百	十	元	角	分

复核：　　记账：

此联代理付款行付款后作联行往账借方凭证附件

凭证 74 – 2

中国工商银行 进账单（收账通知） 3

2017 年 12 月 17 日 No. 0094088

<table>
<tr><td rowspan="3">出票人</td><td>全称</td><td>南海贸易公司</td><td rowspan="3">收款人</td><td>全称</td><td colspan="11">合肥乐安股份有限公司</td></tr>
<tr><td>账号</td><td>201502030902453000</td><td>账号</td><td colspan="11">01400822600777</td></tr>
<tr><td>开户银行</td><td>工行芜湖市分行黄岩支行</td><td>开户银行</td><td colspan="11">工行合肥分行科学大道分理处</td></tr>
<tr><td rowspan="2">金额</td><td rowspan="2">人民币（大写）</td><td colspan="3" rowspan="2">伍拾万元整</td><td>亿</td><td>千</td><td>百</td><td>十</td><td>万</td><td>千</td><td>百</td><td>十</td><td>元</td><td>角</td><td>分</td></tr>
<tr><td></td><td></td><td>¥</td><td>5</td><td>0</td><td>0</td><td>0</td><td>0</td><td>0</td><td>0</td><td>0</td></tr>
<tr><td colspan="2">票据种类</td><td>转账支票 票据张数 壹张</td><td colspan="13" rowspan="3">中国工商银行合肥分行 转账 转讫</td></tr>
<tr><td colspan="2">票据号码</td><td>XIV00004056</td></tr>
<tr><td colspan="3"></td></tr>
</table>

复核： 记账： 收款人开户银行签章：

此联是收款人开户银行交给收款人的收账通知

75. 17 日，向工行借入 6 个月期贷款 100 万元。有关单据见凭证 75 – 1。

凭证 75 – 1

中国工商银行借款凭证第四联（回单）

2017 年 12 月 17 日 No. 0002369

<table>
<tr><td rowspan="2">借款单位名称</td><td rowspan="2">合肥乐安股份有限公司</td><td>货款户账号</td><td colspan="11">130924560222365</td></tr>
<tr><td>存款户账号</td><td colspan="11">合肥经济开发区科学大道分理处 01400822600777</td></tr>
<tr><td rowspan="3">借款金额</td><td colspan="2" rowspan="3">人民币（大写）：壹佰万元整</td><td colspan="11">金额</td></tr>
<tr><td>亿</td><td>千</td><td>百</td><td>十</td><td>万</td><td>千</td><td>百</td><td>十</td><td>元</td><td>角</td><td>分</td></tr>
<tr><td></td><td>¥</td><td>1</td><td>0</td><td>0</td><td>0</td><td>0</td><td>0</td><td>0</td><td>0</td><td>0</td></tr>
<tr><td>借款用途</td><td>生产周转</td><td>约定偿还日期</td><td colspan="11">2018 年 6 月 17 日</td></tr>
<tr><td colspan="3">上列借款已核准发放并已转入你单位账户
中国工商银行合肥分行 转账 转讫
（银行盖章）</td><td colspan="11">备注：</td></tr>
</table>

76. 17 日，现金报销采购部邮政费 200 元。有关单据见凭证 76－1、凭证 76－2。

凭证 76－1

安徽增值税普通发票

N o 000655489

34000352648　　　　发票联　　　　开票日期：2017 年 12 月 17 日

全国统一发票监制章　安徽　国家税务总局监制

购买方	名　　称：合肥乐安股份有限公司 纳税人识别号：340010468107588 地 址、电 话：合肥市经济技术开发区天智路 666 号 0551－66325742 开户行及账号：工行合肥分行科学大道分理处 01400822600777	密码区	7++9/42152 ∗+129 ∗864 >　加密版本:01 63－<7503 ∗<1>∗/<3<+80　3400071543 2+<<56894588 >>∗∗<2569 5920－33/65+5012 ∗/>>92　00655489

货物及应税劳务名称	规格型号	单位	数量	单价	金额	税率	税额
邮政费				180.18	180.18	11%	19.82
合计					¥180.18		¥19.82
计税合计（大写）	⊗贰佰元整				（小写）¥200.00		

销售方	名　　称：合肥市邮政管理局 纳税人识别号：340588665455239 地 址、电 话：合肥市蜀山区黄山路 626 号 0551－65350936 开户行及账号：工行合肥市黄山路支行 00256556982588369	备注	合肥市邮政管理局 0503655899 发票专用章

收款人：王媛　　复核：高丽　　开票人：沈小青　　销货单位：（盖章）

第二联：发票联　购买方记账凭证

凭证 76－2

合肥乐安股份有限公司报销封面

2017 年 12 月 17 日

开支内容：邮政费　　　　单据张数：壹张

共计报销金额

人民币（大写）贰佰元整　　　　¥200.00

负责人审批意见	报销人	工作部门：　采购部 姓名（盖章） 余力
同意报销。　现金付讫 程宏 2017.12.17	会计审核意见	已核 胡杨　2017.12.17

77. 17 日，收到上海金运公司货款 999 040.00 元。有关单据见凭证 77－1。

凭证 77－1

托收凭证（收账通知） 4

委托日期：2017 年 12 月 10 日　　付款期限：2017 年 12 月 17 日

业务类别	委托收款（☑邮划 □电划）托收承付（□邮划 □电划）							
付款人	全称	上海金运公司			收款人	全称	合肥乐安股份有限公司	
	账号	2202659815663589				账号	01400822600777	
	地址	上海市	开户行	工行海口龙华路支行		地址	安徽省合肥市	开户行：工行合肥分行科学大道分理处
金额	人民币（大写）	玖拾玖万玖仟零肆拾元整				千百十万千百十元角分	¥ 9 9 9 0 4 0 0 0	
款项内容	DA8－7 型开孔机款	托收凭据名称	销售发票、运输费单据		附寄单据张数	伍张		
商品发运情况	货已发运				合同名称号码	购销合同 12－0135 号		
备注： 复核　　记账	上列款项已划回收入你方账户内。 收款人开户银行签章。 2017 年 12 月 17 日							

中国工商银行合肥分行 转账 转讫

此联是收款人开户银行交给收款人的收账通知

78. 18 日，出租临街门面房给合肥诚信培训学校，收到当月租金 12 750 元存入银行。该出租门面房的原值为 260 万元。有关单据见凭证 78－1 至凭证 78－2。

凭证 78－1

安徽增值税普通发票　　No 004635489

34000367829　　记账联　　开票日期：2017 年 12 月 18 日

全国统一发票监制章 安徽 国家税务总局监制

购买方	名　称：合肥诚信培训学校 纳税人识别号：340036892108699 地 址、电 话：合肥市庐阳区云顶路 98 号 0551－63586259 开户行及账号：工行合肥市三孝口支行 02506388699888			密码区	7++9/42152**+129*864> 加密版本:01 63－<7503*<1>*/<3<+80 3400071543 2+<<56894588>>**<2569 5920－33/65+5012*/>>92 03866586		
货物及应税劳务名称	规格型号	单位	数量	单价	金额	税率	税额
房租费			1	12 142.86	12 142.86	5%	607.14
合计					¥12 142.86		¥607.14
计税合计（大写）	⊗壹万贰仟柒佰伍拾元整					（小写）	¥12 750.00
销售方	名　称：合肥乐安股份有限公司 纳税人识别号：340010468107588 地 址、电 话：合肥市经济技术开发区天智路 666 号 0551－66325742 开户行及账号：工行合肥分行科学大道分理处 01400822600777			备注	合肥乐安股份有限公司 0043666670116 发票专用章		

收款人：王妮　　复核：方雄　　开票人：马云青　　销货单位：（盖章）

第一联：记账联 销售方记账凭证

凭证 78－2

中国工商银行　　进账单（收账通知）　　3

2017 年 12 月 18 日　　No. 0094089

<table>
<tr><td rowspan="3">出票人</td><td>全称</td><td colspan="2">合肥诚信培训学校</td><td rowspan="3">收款人</td><td>全称</td><td>合肥乐安股份有限公司</td></tr>
<tr><td>账号</td><td colspan="2">02506388699888</td><td>账号</td><td>01400822600777</td></tr>
<tr><td>开户银行</td><td colspan="2">工行合肥市三孝口支行</td><td>开户银行</td><td>工行合肥分行科学大道分理处</td></tr>
<tr><td>金额</td><td>人民币（大写）</td><td colspan="3">壹万贰仟柒佰伍拾元整</td><td colspan="2">亿 千 百 十 万 千 百 十 元 角 分
¥ 1 2 7 5 0 0 0</td></tr>
<tr><td colspan="2">票据种类</td><td>转账支票</td><td>票据张数　壹张</td><td colspan="3" rowspan="3">中国工商银行合肥分行
转账
转讫</td></tr>
<tr><td colspan="2">票据号码</td><td colspan="2">XIV00040246</td></tr>
<tr><td colspan="4"></td></tr>
</table>

此联是收款人开户银行交给收款人的收账通知

复核：　　记账：　　收款人开户银行签章：

79. 18 日，支付南江机械厂加工费 6 000 元，增值税 1 020 元，以转账支票支付。有关单据见凭证 79－1 至凭证 79－3。

凭证 79－1

中国工商银行　业务委托书　　3

INDUSTRIAL AND COMMERCIAL BANK OF CHINA　　APPLICATION FOR MONEY TRANSEFER

委托日期 DATE 2017 年 Y12 月 M18 日 D　　皖 A 01253661

<table>
<tr><td colspan="2">银行打印</td><td colspan="6"></td></tr>
<tr><td rowspan="5">客户填写</td><td colspan="2">业务类型 TPYE</td><td colspan="2">☑电汇 T/T　□信汇 M/T　□汇票申请书 D/D
□本票申请书 P/D　□其他 OTHERS</td><td colspan="3">汇款方式：　□普通　□加急
TPYE OF REMITTANCE REGULA URGENT</td></tr>
<tr><td rowspan="4">委托人 APPLICANT</td><td>全称 FULL NAME</td><td>合肥乐安股份有限公司</td><td rowspan="4">收款人 PAYEE</td><td>全称 FULL NAME</td><td colspan="2">南江机械厂</td></tr>
<tr><td>账号或地址 ACCOUNT NO. OR ADDRESS</td><td>01400822600777</td><td>账号或地址 ACCOUNT NO. OR ADDRESS</td><td colspan="2">2128005632953258</td></tr>
<tr><td>开户行名称 ACCOUNT BANK NAME</td><td>工行合肥分行科学大道分理处</td><td>开户行名称 ACCOUNT BANK NAME</td><td colspan="2">工行海滨路支行</td></tr>
<tr><td>开户银行 ACCOUNT BANK</td><td>安徽省　合肥市
PROVINCE CITY</td><td>开户银行 ACCOUNT BANK</td><td colspan="2">安徽省　芜湖市
PROVINCE CITY</td></tr>
<tr><td colspan="4">金额（大写）人民币 AMOUNT IN WORDS RMB　柒仟零贰拾元整</td><td colspan="4">百 十 万 千 百 十 元 角 分
¥ 7 0 2 0 0 0</td></tr>
<tr><td colspan="4">支付密码 S. C</td><td colspan="4" rowspan="2">上述款项及相关费用请从我账户内支付
the above remittance and relate charges are to be draw on my account.</td></tr>
<tr><td colspan="4">加急汇款签字 SIGNATURE FOR URGENT PAYMENT</td></tr>
<tr><td colspan="4">附加信息及用途 MESSAGE AND PURPOSE　付货款</td><td colspan="4">客户签章 Applicant signature and/or stamp.
（加盖预留银行签章）</td></tr>
</table>

中国工商银行合肥分行　转账　转讫

事后监管：　　会计主管：　　复核：　　记账：

注：本业务委托书一式三联：第一联记账联，交银行；第二联发报或出票依据，交银行；第三联回单联，银行盖章后退回给企业据以入账。

凭证 79－2

安徽增值税专用发票

No 005021279

340002561732　　抵扣联　　开票日期：2017 年 12 月 18 日

购买方	名称：合肥乐安股份有限公司 纳税人识别号：340010468107588 地址、电话：合肥市经济技术开发区天智路 666 号 0551－66325742 开户行及账号：工行合肥分行科学大道分理处 01400822600777	密码区	2++9/5752**+129*364> 加密版本:01 42－<7503*<1>*/<3<+80 3400023137 2+<<56894523>>**<2569 4512－33/65+30146>>13 005021279

货物及应税劳务名称	规格型号	单位	数量	单价	金额	税率	税额
加工模具		件	150	40.00	6 000.00	17%	1 020.00
合计					¥6 000.00		¥1 020.00
计税合计（大写）	⊗柒仟零贰拾元整					（小写）	¥7 020.00

销售方	名称：南江机械厂 纳税人识别号：440925194653573 地址、电话：芜湖市海滨路 125 号 0553－7566201 开户行及账号：工行海滨路支行 2128005632953258	备注	南江机械厂 2583165483007 发票专用章

收款人：刘源　　复核：孟雨　　开票人：王娜　　销货单位：（盖章）

第二联：抵扣联　购买方扣税凭证

凭证 79－3

安徽增值税专用发票

No 005021279

340002561732　　发票联　　开票日期：2017 年 12 月 18 日

购买方	名称：合肥乐安股份有限公司 纳税人识别号：340010468107588 地址、电话：合肥市经济技术开发区天智路 666 号 0551－66325742 开户行及账号：工行合肥分行科学大道分理处 01400822600777	密码区	2++9/5752**+129*364> 加密版本:01 42－<7503*<1>*/<3<+80 3400023137 2+<<56894523>>**<2569 4512－33/65+30146>>13 005021279

货物及应税劳务名称	规格型号	单位	数量	单价	金额	税率	税额
加工模具		件	150	40.00	6 000.00	17%	1 020.00
合计					¥6 000.00		¥1 020.00
计税合计（大写）	⊗柒仟零贰拾元整					（小写）	¥7 020.00

销售方	名称：南江机械厂 纳税人识别号：440925194653573 地址、电话：芜湖市海滨路 125 号 0553－7566201 开户行及账号：工行海滨路支行 2128005632953258	备注	南江机械厂 2583165483007 发票专用章

收款人：刘源　　复核：孟雨　　开票人：王娜　　销货单位：（盖章）

第三联：发票联　购买方记账凭证

80. 18 日，上述加工金属模具 150 件已运回验收入库，作低值易耗品。有关单据见凭证 80－1。

凭证 80－1

委托加工材料入库单

收料仓库：2

受托加工单位：南江机械厂

发料单号码	加工后材料名称及规格	单位	应收	实收	金额	运杂费	加工费	实际成本合计
2365	金属模具	件	150	150	8 000.00		6 000.00	14 000.00

记账：汪越　　　　收料：刘文辉　　　　制单：苗小惠

81. 18 日，向南海贸易公司发出 MF6－5 型钻孔机 80 台，单价 5 310 元，增值税税率 17%，随货销售不单独计价发出木箱 80 只，货款已预收。有关单据见凭证 81－1、凭证81－2。

凭证 81－1

安徽增值税专用发票　　No 004635490

记账联

34000607202　　开票日期：2017 年 12 月 18 日

购买方　名称：南海贸易公司
纳税人识别号：440801340873023
地址、电话：佛山市筷子路 556 号 0757－5632845
开户行及账号：工行佛山市筷子路支行 201502030902453262

密码区　2++9/5752**+129*364>　加密版本:01
42－<7503*<1>*/<3<+80　3400023137
2+<<56894523>>**<2569
4512－33/65+30146>>13　009236592

货物及应税劳务名称	规格型号	单位	数量	单价	金额	税率	税额
加工模具		台	80	5 310.00	424 800.00	17%	72 216.00
合计					¥424 800.00		¥72 216.00

价税合计（大写）　⊗肆拾玖万柒仟零壹拾陆元整　（小写）¥497 016.00

销售方　名称：合肥乐安股份有限公司
纳税人识别号：340010468107588
地址、电话：合肥市经济技术开发区天智路 666 号 0551－66325742
开户行及账号：工行合肥分行科学大道分理处 01400822600777

备注　合肥乐安股份有限公司 004366670116 发票专用章

第一联：记账联　销售方记账凭证

收款人：刘源　　复核：孟雨　　开票人：王娜　　销货单位：（盖章）

凭证 81－2

产品销售出库单

购货单位：南海贸易公司　　2017 年 12 月 18 日　　No. 0022642

品名	单位	单价	数量	金额	备注
MF6－5 型钻孔机	台		80		
木箱	台		80		
购货方采购员签字：李洪江					

第二联 记账联

记账：汪越　　发货：刘文辉　　制单：苗小惠

82. 18 日，发出原材料。有关单据见凭证 82－1。

凭证 82－1

材料出库单

领用单位：供汽车间　　2017 年 12 月 18 日　　No. 0968

品名	单位	单价	数量	金额	备注
煤	吨	450	20	9 000.00	

第二联 记账联

仓管员：王亮　　经手人：刘春

83. 19 日，青山公司前欠货款 50 000 元已超过 3 年，经批准作坏账予以转销。有关单据见凭证 83－1。

凭证 83－1

坏账损失核销申请书

青山公司前欠本公司货款 50 000.00 元（大写：人民币伍万元整），经过多次催收都因其面临破产倒闭而无法收回此笔货款，而且时间超过了三年。因此申请转作坏账损失处理。

财务部经理：胡杨

二〇一七年十二月十九日

合肥××安股份有限公司 财务专用章

经公司董事会研究同意转作坏账损失处理。

程宏

2017. 12. 19

84. 19 日，从合肥市商之都百货公司购手套 180 双，直接交付车间使用（供气车间 30 双，铸造车间 100 双，加工车间 50 双），每双 5 元（含增值税价），以现金支付。有关单据见凭证 84－1、凭证 84－2。

凭证 84－1

安徽增值税普通发票　　No 008756321

3400071568　　发票联　　开票日期：2017 年 12 月 19 日

购买方	名称：合肥乐安股份有限公司 纳税人识别号：340010468107588 地址、电话：合肥市经济技术开发区天智路 666 号 0551－66325742 开户行及账号：工行合肥分行科学大道分理处 01400822600777	密码区	2＋＋9/5752＊＊＋129＊364＞ 加密版本：01 42－＜7503＊＜1＞＊/＜3＜＋80 3400023137 2＋＜＜56894523＞＞＊＊＜2569 4512－33/65＋30146＞＞13 008756321

货物及应税劳务名称	规格型号	单位	数量	单价	金额	税率	税额
手套		对	180	4.273 5	769.23	17%	130.77
合计					¥769.23		¥130.77
计税合计（大写）	⊗玖佰元整					（小写）	¥900.00

销售方	名称：合肥市商之都百货公司 纳税人识别号：0911304060558 地址、电话：安徽省合肥市宿松路 125 号 0551－75662019 开户行及账号：中国工商银行长江路支行 005570098788649	备注	

收款人：余英明　　复核：尤雨　　销货单位：（盖章）

第二联：发票联　购买方记账凭证

凭证 84－2

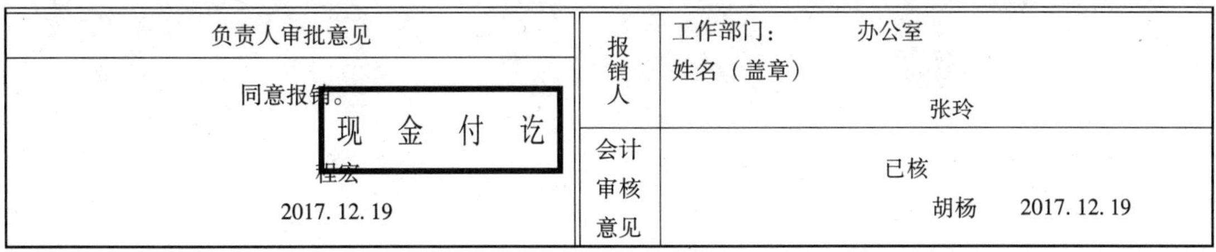

合肥乐安股份有限公司报销封面

2017 年 12 月 19 日

开支内容：购买手套　　单据张数：壹张

共计报销金额

人民币（大写）玖佰元整　　¥900.00

负责人审批意见	报销人	工作部门：办公室 姓名（盖章）张玲
同意报销。 现金付讫 程宏 2017.12.19	会计审核意见	已核 胡杨 2017.12.19

85. 19 日，收到立原贸易公司违约赔偿金 1 500 元（现金）。有关单据见凭证 85－1。

凭证 85－1

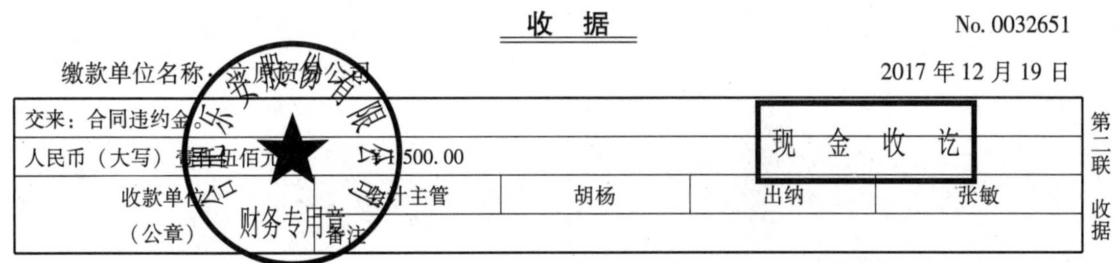

收据　　No. 0032651

缴款单位名称：立原贸易公司　　2017 年 12 月 19 日

交来：合同违约金			
人民币（大写）壹仟伍佰元整	¥1 500.00	现金收讫	
收款单位（公章）	会计主管	胡杨	出纳　张敏
	备注		

第二联　收据

86. 19 日，将收到的现金 1 500 元送存银行。有关单据见凭证 86－1。

凭证 86－1

现金存款凭证（回单）

交款日期：2017 年 12 月 19 日　　　　No. 0023802

款项来源		违约金		收款单位名称		合肥乐安股份有限公司							
现金计划项目				收款单位账号		01400822600777							
				收款单位开户行		工行合肥分行科学大道分理处							
人民币（大写）	壹仟伍佰元整					十	万	千	百	十	元	角	分
							¥	1	5	0	0	0	0
券别	张数	金额	券别	张数	金额	券别	张数	金额	上述现金收讫无误 收款员				
壹佰元	15	1 500	贰元			伍分							
伍拾元			壹元			贰分							
贰拾元			伍角			壹分							
壹拾元			贰角										
伍元			壹角										

中国工商银行合肥分行 转账 转讫

87. 20 日，偿还工行短期借款 320 万元。有关单据见凭证 87－1。

凭证 87－1

中国工商银行特种转账借方凭证　　总字第 169 号

2017 年 12 月 20 日　　字第 58 号

出票人	全称	合肥乐安股份有限公司		收款人	全称	工行合肥分行科学大道分理处										
	账号	01400822600777			账号	008852360123620121										
	开户银行	工行合肥分行科学大道分理处			开户银行	工行										
金额	人民币（大写）	叁佰贰拾万元整				亿	千	百	十	万	千	百	十	元	角	分
							¥	3	2	0	0	0	0	0	0	0
原凭证名称		借款借据		科目（借） 对方科目（贷） 会计 复核 记账 制票												
原凭证金额		3 200 000.00	号码 0095													
转账原因	扣收贷款 银行盖章															

附件 1 张

中国工商银行合肥分行 转账 转讫

88. 20 日，临时租入仓库 3 个月，以银行存款支付本月租金 4 000 元。有关单据见凭证 88 －1、凭证 88 －2。

凭证 88 －1

安徽增值税普通发票

No 00239889

34000372563

发票联

开票日期：2017 年 12 月 20 日

购买方	名　　称：合肥乐安股份有限公司 纳税人识别号：340010468107588 地 址、电 话：合肥市经济技术开发区天智路 666 号 0551 －66325742 开户行及账号：工行合肥分行科学大道分理处 01400822600777				密码区	7 ++9/42152 ∗+129 ∗864 > 加密版本:01 63 －<7503 ∗<1>∗/<3<+80 3400071543 2 +<<56894588 >>∗∗<2569 5920 －33/65 +5012 ∗/>>92 00239889		
货物及应税劳务名称	规格型号	单位	数量	单价	金额	税率	税额	
房租费			1	3 809. 52	3 809. 52	5%	190. 48	
合计					¥3 809. 52		¥190. 48	
计税合计（大写）	⊗肆仟元整				（小写）¥4 000. 00			
销售方	名　　称：合肥为民服务公司 纳税人识别号：614211168026268 地 址、电 话：合肥市经济技术开发区丹霞路 98 号 0551 －63698563 开户行及账号：工行合肥分行丹霞路支行 25870822566896				备注			

收款人：方琼　　复核：王元　　开票人：李小霞　　销货单位：（盖章）

第二联：发票联　购买方记账凭证

凭证 88 －2

中国工商银行
转账支票存根（皖）

XIN00081026

附加信息：

出票日期：2017年12月20日

收款人：合肥为民服务公司
金　额：¥ 4 000.00
用　途：付租金

单位主管：　　会计：

89. 20 日，向江北钢铁厂购铸铁 60 吨，单价 4 380 元，增值税税率 17%，货款尚未支付。材料已验收入库。有关单据见凭证 89－1 至凭证 89－3。

凭证 89－1

河南增值税专用发票　　N o 005322091

抵扣联

340088703　　开票日期：2017 年 12 月 20 日

购买方	名　　称：合肥乐安股份有限公司 纳税人识别号：340010468107588 地 址、电 话：合肥市经济技术开发区天智路 666 号 0551－66325742 开户行及账号：工行合肥分行科学大道分理处 01400822600777	密码区	2＋＋9/5752＊＋129＊364＞　加密版本:01 42－<7503＊<1>＊/<3<＋80　3400023137 2＋<<56894523>>＊＊<2569 4512－33/65＋30146>>13　005322091

货物及应税劳务名称	规格型号	单位	数量	单价	金额	税率	税额
铸铁		吨	60	4 380.00	262 800.00	17%	44 676.00
合计					¥262 800.00		¥44 676.00
计税合计（大写）	⊗叁拾万零柒仟肆佰柒拾陆元整				（小写）¥307 476.00		

销售方	名　　称：江北钢铁厂 纳税人识别号：340546894616442 地 址、电 话：河南新乡驾云路 54 号 0373－5274672 开户行及账号：工行新乡市第三支行 220802561560570	备注	

收款人：吴因　　复核：李娜　　开票人：张乔　　销货单位：（盖章）

第二联：抵扣联　购买方扣税凭证

凭证 89－2

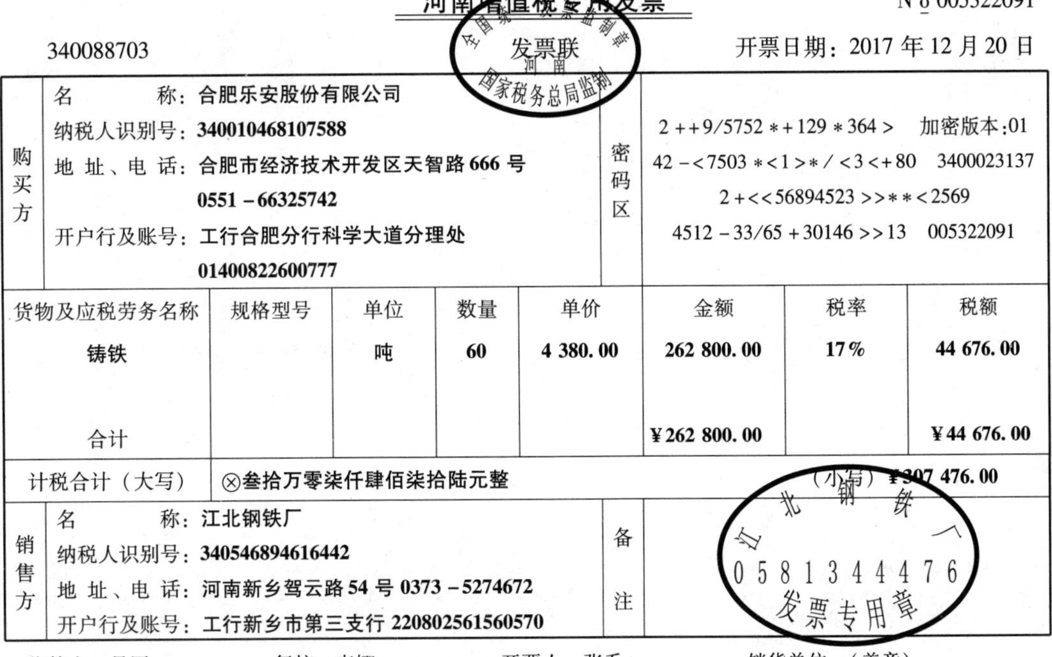

河南增值税专用发票　　N o 005322091

发票联

340088703　　开票日期：2017 年 12 月 20 日

购买方	名　　称：合肥乐安股份有限公司 纳税人识别号：340010468107588 地 址、电 话：合肥市经济技术开发区天智路 666 号 0551－66325742 开户行及账号：工行合肥分行科学大道分理处 01400822600777	密码区	2＋＋9/5752＊＋129＊364＞　加密版本:01 42－<7503＊<1>＊/<3<＋80　3400023137 2＋<<56894523>>＊＊<2569 4512－33/65＋30146>>13　005322091

货物及应税劳务名称	规格型号	单位	数量	单价	金额	税率	税额
铸铁		吨	60	4 380.00	262 800.00	17%	44 676.00
合计					¥262 800.00		¥44 676.00
计税合计（大写）	⊗叁拾万零柒仟肆佰柒拾陆元整				（小写）¥307 476.00		

销售方	名　　称：江北钢铁厂 纳税人识别号：340546894616442 地 址、电 话：河南新乡驾云路 54 号 0373－5274672 开户行及账号：工行新乡市第三支行 220802561560570	备注	

收款人：吴因　　复核：李娜　　开票人：张乔　　销货单位：（盖章）

第三联：发票联　购买方记账凭证

凭证 89－3

材料入库单

2017 年 12 月 20 日　　单号：000128

交来单位及部门	江北钢铁厂	发票号码或生产单号码	005322091		验收仓库	第一仓库	入库日期	2017 年 12 月 20 日	
编码	名称及规格	单位	数量		实际成本				
			交库	实收	单价	金额	运输费	合计	单位成本
	铸铁	**吨**	**60**	**60**	**4 380.00**	**26 280.00**			

第二联 记账联

部门经理：胡杨　　会计：汪越　　仓库：刘文辉　　经办人：苗小惠

90. 20 日，发出原材料。有关单据见凭证 90－1。

凭证 90－1

材料出库单

领用单位：铸造车间　　2017 年 12 月 20 日　　No. 0969

品名	单位	单价	数量	金额	备注
生铁	**吨**		**50**		**生产产品毛坯**
铸铁	**吨**		**20**		**生产产品毛坯**

第二联 记账联

仓管员：王亮　　经手人：查丽

91. 20 日，向辽宁海航树脂厂购入树脂 40 吨，单价 2 536 元，增值税税率 17%，货款未付。材料已验收入库。有关单据见凭证 91－1 至凭证 91－3。

凭证 91－1

辽宁增值税专用发票　　　　No 00326905

抵扣联

4400022056　　　　开票日期：2017 年 12 月 20 日

购买方
名　　称：合肥乐安股份有限公司
纳税人识别号：340010468107588
地 址、电 话：合肥市经济技术开发区天智路 666 号 0551－66325742
开户行及账号：工行合肥分行科学大道分理处 01400822600777

密码区
2++9/5752**+129*364>　加密版本:01
42-<7503*<1>*/<3<+80　3400023137
2+<<56894523>>**<2569
4512-33/65+30146>>13　00326905

货物及应税劳务名称	规格型号	单位	数量	单价	金额	税率	税额
树脂		吨	40	2 536.00	101 440.00	17%	17 244.80
合计					¥101 440.00		¥17 244.80
计税合计（大写）	⊗壹拾壹万捌仟陆佰捌拾肆元捌角整				（小写）¥118 684.80		

销售方
名　　称：辽宁海航树脂厂
纳税人识别号：440111194653753
地 址、电 话：辽宁省锦州市人民路 213 号 0416－9623656
开户行及账号：工行锦州市人民路第三支行 2208002301560236

备注：辽宁海航树脂厂 5343117501587 发票专用章

收款人：唐芷　　复核：陈贵　　开票人：李晨　　销货单位：（盖章）

第二联：抵扣联　购买方扣税凭证

凭证 91－2

辽宁增值税专用发票　　　　No 00326905

发票联

4400022056　　　　开票日期：2017 年 12 月 20 日

购买方
名　　称：合肥乐安股份有限公司
纳税人识别号：340010468107588
地 址、电 话：合肥市经济技术开发区天智路 666 号 0551－66325742
开户行及账号：工行合肥分行科学大道分理处 01400822600777

密码区
2++9/5752**+129*364>　加密版本:01
42-<7503*<1>*/<3<+80　3400023137
2+<<56894523>>**<2569
4512-33/65+30146>>13　00326905

货物及应税劳务名称	规格型号	单位	数量	单价	金额	税率	税额
树脂		吨	40	2 536.00	101 440.00	17%	17 244.80
合计					¥101 440.00		¥17 244.80
计税合计（大写）	⊗壹拾壹万捌仟陆佰捌拾肆元捌角整				（小写）¥118 684.80		

销售方
名　　称：辽宁海航树脂厂
纳税人识别号：440111194653753
地 址、电 话：辽宁省锦州市人民路 213 号 0416－9623656
开户行及账号：工行锦州市人民路第三支行 2208002301560236

备注：辽宁海航树脂厂 5343117501587 发票专用章

收款人：唐芷　　复核：陈贵　　开票人：李晨　　销货单位：（盖章）

第三联：发票联　购买方记账凭证

凭证 91－3

材料入库单

2017 年 12 月 20 日　　　　单号：000129

交来单位及部门	辽宁海航树脂厂	发票号码或生产单号码	0326905	验收仓库	第一仓库	入库日期	2017 年 12 月 20 日		
编码	名称及规格	单位	数量		实际成本				
			交库	实收	单价	金额	运输费	合计	单位成本
	树脂	**吨**	**40**	**40**	**2 536.00**	**101 440.00**			

第二联　记账联

部门经理：胡杨　　会计：汪越　　仓库：刘文辉　　经办人：苗小惠

92. 21 日，向合肥市红十字会捐款 10 万元。有关单据见凭证 92－1、凭证 92－2。

凭证 92－1

安徽省接受社会捐赠专用收据

注册号码：皖财（068）票字第 88 号　　No. 00282368

2017 年 12 月 21 日　　票据类型：转账支票

Y　M　D　　数字指纹：

捐赠者 Donor	合肥乐安股份有限公司				货币种类	人民币
捐赠项目 Donation Item	救灾捐款					
项目（捐赠金额或实物） Item（Amount or Material）	单位 unit	规格 Specification	数量 Quantity	单价 Unit Price	金额 Amount	
货币资金					**100 000.00**	
合计人民币（大写） ¥ Amount（in words）	**壹拾万元整**				¥：**100 000.00**	

第一联：收据

收款单位（盖章）：Receiver（seal）　　收款人：程静 Payee　　开票人：王峰 Drawer

凭证 92 – 2

中国工商银行

转账支票存根（皖）

XIN00081027

附加信息：

出票日期：2017年12月21日

收款人：合肥市红十字会
金　额：¥ 100 000.00
用　途：捐款

单位主管：　　　　会计：

93. 21 日，向立原公司销售 MF6 – 5 型钻孔机 100 台，单价 5 320 元，增值税税率 17%，随货销售领用 100 只木箱，不单独计价。代垫运费 1 100 元，以现金支付，已向银行办妥托收手续。有关单据件凭证 93 – 1 至凭证 93 – 4。

凭证 93 – 1

安徽增值税专用发票　　　　N o 004635491

记账联

340008922116　　　　开票日期：2017 年 12 月 21 日

购买方	名　称：立原公司 纳税人识别号：8003011198801124 地 址、电 话：浙江省杭州市利民路 11 号 0571 – 62733245 开户行及账号：工行杭州市分行利民支行 0230089001177308		密码区	7 ++9/42152 **+129*864 >　加密版本:01 63 –<7503 *<1>*/<3<+80　340008922116 2 +<<56856908 >>**<2569		
货物及应税劳务名称	规格型号	单位	数量	单价	金额	税率	税额
MF6 – 5 型钻孔机		台	100	5 320.00	532 000.00	17%	90 440.00
合计			100		¥532 000.00		¥90 440.00
计税合计（大写）	⊗陆拾贰万贰仟肆佰肆拾元整				（小写）¥622 440.00		
销售方	名　称：合肥乐安股份有限公司 纳税人识别号：340873456109 地 址、电 话：合肥市经济技术开发区天智路 666 号 0551 – 66325742 开户行及账号：工行合肥分行科学大道分理处 01400822600777		备注	合肥乐安股份有限公司 004366670116 发票专用章			

第一联：记账联　销售方记账凭证

收款人：张敏　　复核：李犁　　开票人：闵鑫福　　销货单位：（盖章）

凭证 93 －2

产品销售出库单

购货单位：立原公司　　2017 年 12 月 21 日　　No. 0022643

品名	单位	单价	数量	金额	备注
MF6 －5 型钻孔机	台		100		
木箱	台		100		
合计					
购货方采购员签字：吴辉保					

第二联 记账联

记账：汪越　　发货：刘文辉　　制单：苗小惠

凭证 93 －3

合肥乐安股份有限公司往来账通知单

客户：立原公司　　2017 年 12 月 21 日　　N o 00220920

摘要	金额								
	百	十	万	千	百	十	元	角	分
代垫 MF6 －5 型钻孔机运费（附运费单 No. 0012530）					9	0	0	0	0
代垫 MF6 －5 型钻孔机装车费（附装卸车费单 No. 0012530）					2	0	0	0	0
合计（大写）：壹仟壹佰元整			¥	1	1	0	0	0	0
备注：代垫运杂费原始单据已交立原公司									

第三联 记账联

划账单位：（盖章）　　会计主管：胡杨　　出纳：张敏　　制单：闵鑫福

凭证 93 －4

托收凭证（受理回单）　　1

委托日期：2017 年 12 月 21 日　　（白纸蓝油墨）

业务类型	委托收款（□邮划 ☑电划）托收承付（□邮划 □电划）					
付款人	全称	立原公司	收款人	全称	合肥乐安股份有限公司	
	账号	0230089001177308		账号	01400822600777	
	地址	浙江省　开户行　工行杭州市支行		地址	安徽省　开户行　工行科学大道分理处	
金额	人民币（大写）	陆拾贰万叁仟伍佰肆拾元整		千 百 十 万 千 百 十 元 角 分	¥ 6 2 3 5 4 0 0 0	
款项内容	货款	托收凭据名称	销售发票	附寄单据张数	2 张	
商品发运情况	货已发运	合同名称号码	09 －1256 号			
收款人开户行收到日期 2017 年 12 月 31 日		中国工商银行股份公司 合肥分行科学大道分理处 2017-12-21 票据受理专用章 收款人签章	复核：　记账：			

此联收款人开户银行作贷方凭证

94. 22 日，从浙江宏泰电机公司购电机 300 台，单价 1 500 元，增值税税率 17%，运费 3 000 元，增值税税率 11%，款项尚未支付，材料已入库。有关单据见凭证 94 －1 至凭证94 －5。

凭证 94 －1

浙江增值税专用发票　　N o 04325691

2200025325　　抵扣联　　开票日期：2017 年 12 月 22 日

购买方	名　称：合肥乐安股份有限公司 纳税人识别号：340873456109 地 址、电 话：合肥市经济技术开发区天智路 666 号 0551 －66325742 开户行及账号：工行合肥分行科学大道分理处 01400822600777			密码区	7 ++9/42152 ∗∗+129 ∗864 > 加密版本:01 63 –<7503 ∗<1>∗/ <3<+80 220002532584 2 +<<568432569 >>∗∗<2569 – –33/66		
货物及应税劳务名称	规格型号	单位	数量	单价	金额	税率	税额
电机	TZR	台	300	1 500	450 000. 00	17%	76 500. 00
合计			300		¥450 000. 00		¥76 500. 00
计税合计（大写）	⊗伍拾贰万陆仟伍佰元整				（小写）¥526 500. 00		
销售方	名　称：浙江宏泰电机公司 纳税人识别号：4305898176548 地 址、电 话：浙江西湖北路 58 号 0571 －4585999 开户行及账号：工行杭州市支行 346543278976			备注	浙江宏泰电机公司 214310511265 发票专用章		

收款人：洪雅　　复核：张娜　　开票人：孙慧　　销货单位：（盖章）

第二联：抵扣联　购买方抵扣凭证

凭证 94 －2

浙江增值税专用发票

N o 04325691

发票联

2200025325　　　　开票日期：2017 年 12 月 22 日

<table>
<tr><td rowspan="2">购买方</td><td colspan="4">名　　称：合肥乐安股份有限公司
纳税人识别号：340873456109
地 址、电 话：合肥市经济技术开发区天智路 666 号 0551 －66325742
开户行及账号：工行合肥分行科学大道分理处 01400822600777</td><td>密码区</td><td colspan="3">7 ++9/42152 ∗+129 ∗864 >　加密版本:01
63 －<7503 ∗<1 >∗/ <3 <+80　220002532584
2 +<<568432569 >>∗∗<2569 －－33/66</td></tr>
</table>

货物及应税劳务名称	规格型号	单位	数量	单价	金额	税率	税额
电机	TZR	台	300	1 500	450 000. 00	17%	76 500. 00
合计			300		¥450 000. 00		¥76 500. 00
计税合计（大写）	⊗伍拾贰万陆仟伍佰元整				（小写）¥526 500. 00		

销售方	名称、纳税人识别号、地址电话、开户行及账号	备注
	名　　称：浙江宏泰电机公司 纳税人识别号：4305898176548 地 址、电 话：浙江西湖北路 58 号 0571 －4585999 开户行及账号：工行杭州市支行 346543278976	浙江宏泰电机公司 214310511265 发票专用章

收款人：洪雅　　复核：张娜　　开票人：孙慧　　销货单位：（盖章）

第三联：发票联　购买方记账凭证

凭证 94 －3

材料入库单

2017 年 12 月 22 日　　单号：000130

交来单位及部门	浙江宏泰电机公司	发票号码或生产单号码	04325691		验收仓库	2 仓库	入库日期	2017 年 12 月 22 日	
编码	名称及规格	单位	数量		实际成本				
			交库	实收	单价	金额	运输费	合计	单位成本
	电机	台	300	300	1 500. 00	450 000. 00			
合计									

部门经理：胡杨　　会计：汪越　　仓库：刘文辉　　经办人：苗小惠

第二联　记账联

凭证 94 –4

<table>
<tr><td colspan="5">320048965</td><td colspan="2">上海增值税专用发票
抵扣联</td><td colspan="2">N o 20235669
开票日期：2017 年 12 月 22 日</td></tr>
<tr><td>购买方</td><td colspan="4">名　　称：合肥乐安股份有限公司
纳税人识别号：340010468107588
地 址、电 话：合肥市经济技术开发区天智路 666 号 0551 –66325742
开户行及账号：工行合肥分行科学大道分理处 01400822600777</td><td>密码区</td><td colspan="3">7 ++9/42152 ∗+129 ∗864 >　加密版本:01
63 –<7503 ∗<1 >∗/<3 <+80　3400071543
2 +<<320048965 >>∗∗<2569 5920 –
33/65 +5012 ∗/>>92　20235669</td></tr>
<tr><td colspan="2">货物及应税劳务名称</td><td>规格型号</td><td>单位</td><td>数量</td><td>单价</td><td>金额</td><td>税率</td><td>税额</td></tr>
<tr><td colspan="2">运费</td><td></td><td>公里</td><td>1 000</td><td>3</td><td>3 000.00</td><td>11%</td><td>330.00</td></tr>
<tr><td colspan="2">合计</td><td></td><td></td><td></td><td></td><td>¥3 000.00</td><td></td><td>¥330.00</td></tr>
<tr><td colspan="2">计税合计（大写）</td><td colspan="5">⊗叁仟叁佰叁拾元整</td><td colspan="2">（小写）¥3 330.00</td></tr>
<tr><td>销售方</td><td colspan="4">名　　称：上海铁路（集团）公司
纳税人识别号：342369694783680
地 址、电 话：上海市吴江路 83 号 021 –6635298
开户行及账号：工行上海市吴江路支行 226982374058434</td><td>备注</td><td colspan="3">上海铁路（集团）公司 0123105112 78 发票专用章</td></tr>
</table>

收款人：张江　　复核：魏晨　　开票人：张有体　　销货单位：（盖章）

第二联：抵扣联　购买方抵扣凭证

凭证 94 –5

<table>
<tr><td colspan="5">320048965</td><td colspan="2">上海增值税专用发票
发票联</td><td colspan="2">N o 20235669
开票日期：2017 年 12 月 22 日</td></tr>
<tr><td>购买方</td><td colspan="4">名　　称：合肥乐安股份有限公司
纳税人识别号：340010468107588
地 址、电 话：合肥市经济技术开发区天智路 666 号 0551 –66325742
开户行及账号：工行合肥分行科学大道分理处 01400822600777</td><td>密码区</td><td colspan="3">7 ++9/42152 ∗+129 ∗864 >　加密版本:01
63 –<7503 ∗<1 >∗/<3 <+80　3400071543
2 +<<320048965 >>∗∗<2569 5920 –
33/65 +5012 ∗/>>92　20235669</td></tr>
<tr><td colspan="2">货物及应税劳务名称</td><td>规格型号</td><td>单位</td><td>数量</td><td>单价</td><td>金额</td><td>税率</td><td>税额</td></tr>
<tr><td colspan="2">运费</td><td></td><td>公里</td><td>1 000</td><td>3</td><td>3 000.00</td><td>11%</td><td>330.00</td></tr>
<tr><td colspan="2">合计</td><td></td><td></td><td></td><td></td><td>¥3 000.00</td><td></td><td>¥330.00</td></tr>
<tr><td colspan="2">计税合计（大写）</td><td colspan="5">⊗叁仟叁佰叁拾元整</td><td colspan="2">（小写）¥3 330.00</td></tr>
<tr><td>销售方</td><td colspan="4">名　　称：上海铁路（集团）公司
纳税人识别号：342369694783680
地 址、电 话：上海市吴江路 83 号 021 –6635298
开户行及账号：工行上海市吴江路支行 226982374058434</td><td>备注</td><td colspan="3">上海铁路（集团）公司 0123105112 78 发票专用章</td></tr>
</table>

收款人：张江　　复核：魏晨　　开票人：张有体　　销货单位：（盖章）

第三联：发票联　购买方记账凭证

95. 22 日，以专利权向佳能机械厂进行股权投资，占注册资本的 30%，达到重大影响。有关单据见凭证 95－1 至凭证 95－3。

凭证 95－1

资产评估报告书

2017 年 12 月 22 日

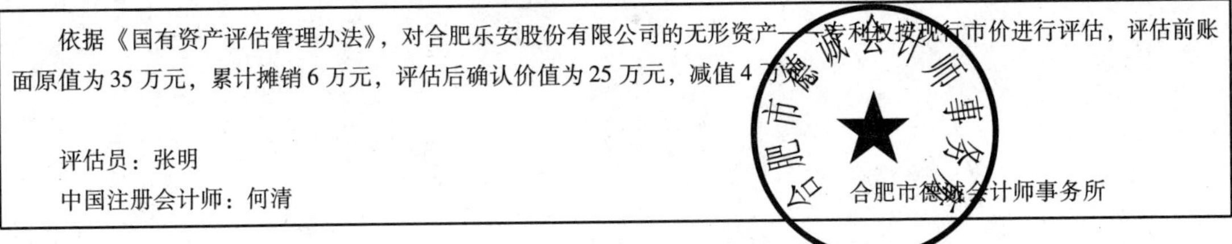

依据《国有资产评估管理办法》，对合肥乐安股份有限公司的无形资产——专利权按现行市价进行评估，评估前账面原值为 35 万元，累计摊销 6 万元，评估后确认价值为 25 万元，减值 4 万元。

评估员：张明

中国注册会计师：何清

合肥市德诚会计师事务所

凭证 95－2

无形资产投资转移单

接受单位名称：佳能机械厂

投出单位名称：合肥乐安股份有限公司　2017 年 12 月 22 日

转移原因	对外投资	评估价值	250 000.00
资产名称	专利权	账面价值	290 000.00
投出单位：合肥乐安股份有限公司		接受单位：佳能机械	
财务经理：胡杨		财务经理：陈兴	
董事长：程宏		厂长：蔡茂盛	

凭证 95－3

安徽增值税专用发票

N o 004635492

34000454698　　记账联　　开票日期：2017 年 12 月 22 日

购买方	名　　称：佳能机械厂 纳税人识别号：44343011137259767 地 址、电 话：安徽省合肥市宿松路 15 号 0551－58565589 开户行及账号：工行合肥市宿松路支行 003089002324543			密码区	7 ++9/42152 **+129 *864 >　加密版本:01 63 －<7503 *<1 >*/<3 <+80　34000454698 2 +<<37764448 >>**<2564 004377688		
货物及应税劳务名称	规格型号	单位	数量	单价	金额	税率	税额
专利技术		项	1	250 000.00	250 000.00	11%	27 500.00
合计			1		¥250 000.00		¥27 500.00
计税合计（大写）	⊗贰拾柒万柒仟伍佰元整				（小写）¥277 500.00		
销售方	名　　称：合肥乐安股份有限公司 纳税人识别号：340873456109 地 址、电 话：合肥市经济技术开发区天智路 666 号 0551－66325742 开户行及账号：工行合肥分行科学大道分理处 01400822600777			备注			

收款人：张敏　　复核：李犁　　开票人：闵鑫福　　销货单位：（盖章）

第一联：记账联　销售方记账凭证

96. 22 日，向建行借入 3 年期借款 200 万元，存入建行账户，用于基建。有关单据见凭证 96－1。

凭证 96－1

中国建设银行借款凭证第四联（回单）

2017 年 12 月 22 日

<table>
<tr><td rowspan="2">借款单位名称</td><td rowspan="2">合肥乐安股份有限公司</td><td>贷款户账号</td><td colspan="11"></td></tr>
<tr><td>存款户账号</td><td colspan="11">合肥经济开发区科学大道分理处 01400822600666</td></tr>
<tr><td rowspan="3">借款金额</td><td colspan="2" rowspan="3">人民币（大写）：贰佰万元整</td><td colspan="11">金额</td></tr>
<tr><td>亿</td><td>千</td><td>百</td><td>十</td><td>万</td><td>千</td><td>百</td><td>十</td><td>元</td><td>角</td><td>分</td></tr>
<tr><td></td><td>¥</td><td>2</td><td>0</td><td>0</td><td>0</td><td>0</td><td>0</td><td>0</td><td>0</td><td>0</td></tr>
<tr><td>借款用途</td><td>建设厂房</td><td>约定偿还日期</td><td colspan="11">2020 年 12 月 22 日</td></tr>
<tr><td colspan="3">上列借款已核准发放并已转入你单位账户。
（银行盖章）</td><td colspan="11">备注：</td></tr>
</table>

（印章：中国建设银行合肥分行 转 账 转讫）

97. 23 日，支付厂房工程款 165 万元。有关单据见凭证 97－1 至凭证 97－2。

凭证 97－1

工程价款结算账单

名称：合肥乐安股份有限公司　　2017 年 12 月 23 日

工程名称	本期应收工程款	应抵扣款项	预付工程款	本期实收数	本期已收工程款累计	说明
兴建 8 号厂房	165 万元			165 万元	165 万元	

（印章：合肥第四建筑工程公司；合肥乐安股份有限公司 财务专用章）

施工企业：合肥第四建筑工程公司　　建设单位：合肥乐安股份有限公司

开户银行及账号：合肥建行 2789742561　　开户银行及账号：合肥工行 01400822600777

施工企业（盖章）　　建设单位（盖章）

凭证 97 – 2

中国工商银行
转账支票存根（皖）
XIN00081028
附加信息：

出票日期：2017年12月23日

收款人：合肥第四建筑工程公司
金 额：¥1 650 000.00
用 途：支付厂房工程款

单位主管： 会计：

98. 23 日，新建厂房办理竣工手续，交付使用。在工程完工前所借的 300 万元长期借款全部用于该厂房建设。有关单据见凭证 98 – 1 和凭证 98 – 2。

凭证 98 – 1

银行借款利息计算单

2017 年 12 月 23 日

借款种类	借款金额	借款期限	月利息额	列支项目
长期借款	3 000 000	23 天	16 100	在建工程
合计			16 100	

凭证 98 – 2

固定资产竣工交接单

2017 年 12 月 23 日

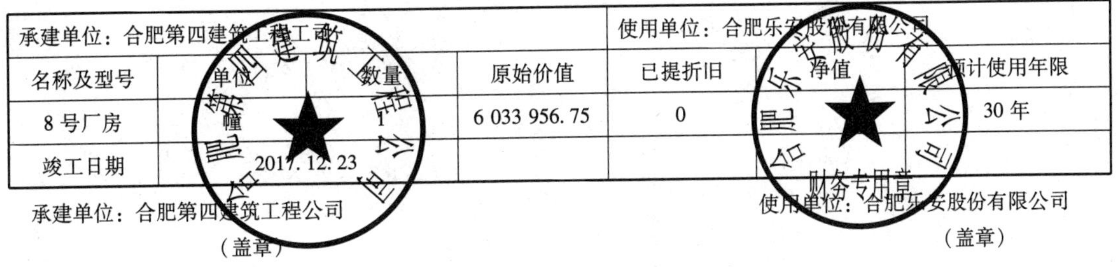

承建单位：合肥第四建筑工程公司				使用单位：合肥乐安股份有限公司		
名称及型号	单位	数量	原始价值	已提折旧	净值	预计使用年限
8 号厂房	幢	1	6 033 956.75	0		30 年
竣工日期	2017. 12. 23					

承建单位：合肥第四建筑工程公司（盖章）

使用单位：合肥乐安股份有限公司（盖章）

99. 24 日，从江西泰安贸易公司购入石英砂 25 吨，单价 6 265 元，增值税税率 17%，材料已入库，款项已经预付。有关单据见凭证 99 -1 至凭证 99 -3。

凭证 99 -1

江西增值税专用发票　　　　No 00362548

抵扣联

34050903210　　　　开票日期：2017 年 12 月 24 日

购买方	名　　称：合肥乐安股份有限公司 纳税人识别号：340010468107588 地 址、电 话：合肥市经济技术开发区天智路 666 号 0551 -66325742 开户行及账号：工行合肥分行科学大道分理处 01400822600777	密码区	7 ++9/42152 ∗ ++129 ∗ 864 >　加密版本:01 63 -<7503 ∗ <1 >∗/ <3 <+80　3400071543 2 +<<56894588 >>∗ ∗ <2569

货物及应税劳务名称	规格型号	单位	数量	单价	金额	税率	税额
石英砂		吨	25	6 265.00	156 625.00	17%	26 626.25
合计			25		¥156 625.00		¥26 626.25
价税合计（大写）	⊗壹拾捌万叁仟贰佰伍拾壹元贰角伍分				（小写）¥183 251.25		

销售方	名　　称：江西泰安贸易公司 纳税人识别号：700189234400179 地 址、电 话：江西省九江市庐山路 309 号 0792 -46748924 开户行及账号：中国工商银行庐山路支行 0899211100783208	备注	江西泰安贸易公司 2233125110047 发票专用章

收款人：鲁原　　复核：李犁　　开票人：洪青霞　　销货单位：（盖章）

第二联：抵扣联　购买方扣税凭证

凭证 99 -2

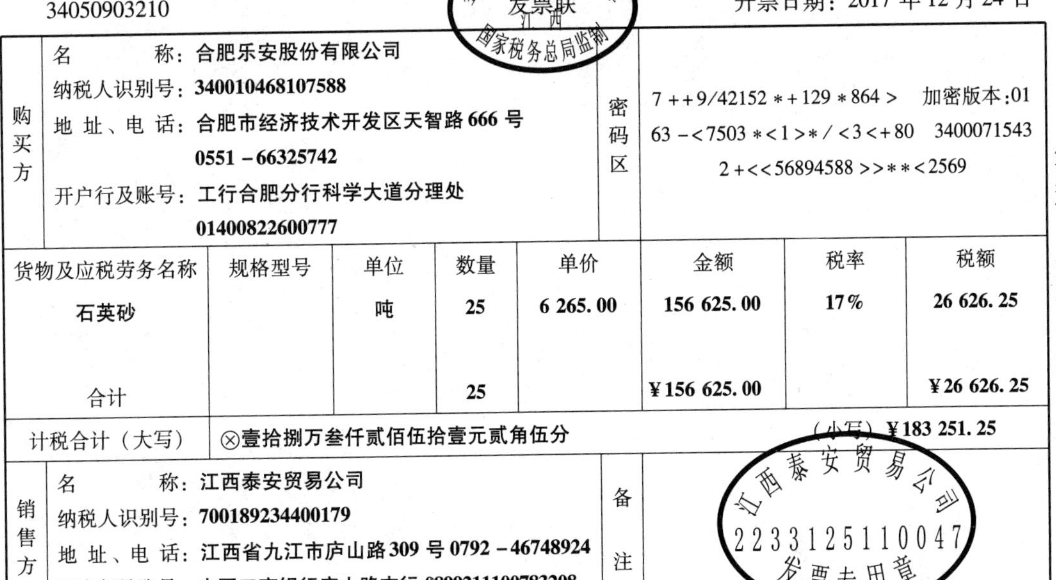

江西增值税专用发票　　　　No 00362548

发票联

34050903210　　　　开票日期：2017 年 12 月 24 日

购买方	名　　称：合肥乐安股份有限公司 纳税人识别号：340010468107588 地 址、电 话：合肥市经济技术开发区天智路 666 号 0551 -66325742 开户行及账号：工行合肥分行科学大道分理处 01400822600777	密码区	7 ++9/42152 ∗ ++129 ∗ 864 >　加密版本:01 63 -<7503 ∗ <1 >∗/ <3 <+80　3400071543 2 +<<56894588 >>∗ ∗ <2569

货物及应税劳务名称	规格型号	单位	数量	单价	金额	税率	税额
石英砂		吨	25	6 265.00	156 625.00	17%	26 626.25
合计			25		¥156 625.00		¥26 626.25
价税合计（大写）	⊗壹拾捌万叁仟贰佰伍拾壹元贰角伍分				（小写）¥183 251.25		

销售方	名　　称：江西泰安贸易公司 纳税人识别号：700189234400179 地 址、电 话：江西省九江市庐山路 309 号 0792 -46748924 开户行及账号：中国工商银行庐山路支行 0899211100783208	备注	江西泰安贸易公司 2233125110047 发票专用章

收款人：鲁原　　复核：李犁　　开票人：洪青霞　　销货单位：（盖章）

第三联：发票联　购买方记账凭证

凭证 99－3

材料入库单

2017 年 12 月 24 日　　　　单号：000131

交来单位及部门	江西泰安贸易公司	发票号码或生产单号码		00362548	验收仓库	第一仓库	入库日期	2017. 12. 24
编码	名称及规格	单位	数量		实际成本			
			交库	实收	单价	金额	运输费	合计	单位成本
	石英砂	吨	25	25	6 265.00	156 625.00			
合计									

第二联 记账联

部门经理：胡杨　　会计：汪越　　仓库：刘文辉　　经办人：苗小惠

100. 24 日，技术部申请 MF6－5 型钻孔机二代产品专利权，支付律师费 5. 62 万元，直接作为无形资产入账。有关单据见凭证 100－1 至凭证 100－2。

凭证 100－1

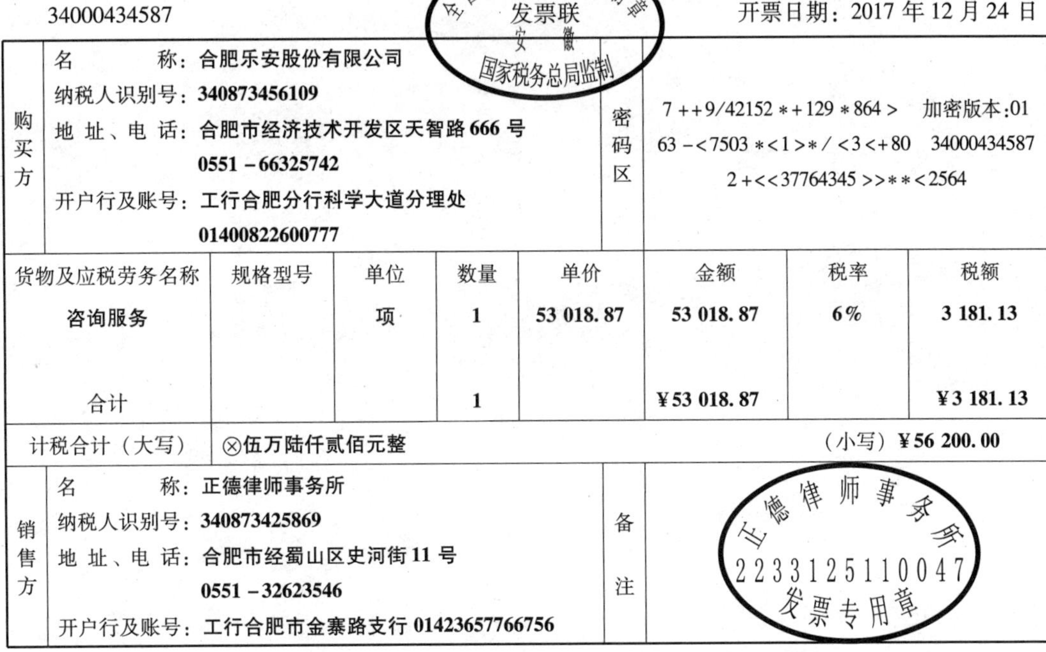

安徽增值税普通发票

No 001256345

34000434587　　发票联　　开票日期：2017 年 12 月 24 日

购买方	名　　称：合肥乐安股份有限公司 纳税人识别号：340873456109 地 址、电 话：合肥市经济技术开发区天智路 666 号 0551－66325742 开户行及账号：工行合肥分行科学大道分理处 01400822600777	密码区	7 ++9/42152 ∗+129 ∗864 >　加密版本:01 63 －<7503 ∗<1>∗/<3<+80　34000434587 2 +<<37764345 >>∗∗<2564

货物及应税劳务名称	规格型号	单位	数量	单价	金额	税率	税额
咨询服务		项	1	53 018.87	53 018.87	6%	3 181.13
合计			1		¥53 018.87		¥3 181.13
价税合计（大写）	⊗伍万陆仟贰佰元整					（小写）¥56 200.00	

销售方	名　　称：正德律师事务所 纳税人识别号：340873425869 地 址、电 话：合肥市经蜀山区史河街 11 号 0551－32623546 开户行及账号：工行合肥市金寨路支行 01423657766756	备注	正德律师事务所 223312511004 7 发票专用章

第二联：发票联 购买方记账凭证

收款人：李宏　　复核：周州　　开票人：王思思　　销货单位：（盖章）

凭证 100－2

中国工商银行
转账支票存根（皖）
XIN00081029
附加信息：

出票日期：2017年12月24日

收款人：合肥正德律师事务所
金 额：¥56 200.00
用 途：支付注律师费

单位主管：　　　会计：

101. 24 日，发出原材料。有关单据见凭证 101－1 和凭证 101－2。

凭证 101－1

材料出库单

领用单位：加工车间　　　　2017 年 12 月 24 日　　　　No. 0970

品名	单位	单价	数量	金额	备注
树脂	**吨**		**40**		生产钻孔机
石英砂	**吨**		**40**		
合计					
购货方采购员签字：					

第二联　记账联

记账：　　　　发货：王亮　　　　制单：

凭证 101－2

材料出库单

领用单位：加工车间　　　　2017 年 12 月 24 日　　　　No. 0971

品名	单位	单价	数量	金额	备注
树脂	**吨**		**60**		生产开孔机
石英砂	**吨**		**50**		
合计					
购货方采购员签字：					

第二联　记账联

记账：　　　　发货：王亮　　　　制单：

102. 25 日，支付上月职工住房公积金 70 694 元。有关单据见凭证 102－1。

凭证 102－1

住房公积金汇（补）缴书　　No. 456357570

2017 年 12 月 25 日　　附：缴存变更清册　1 页

缴款单位	单位名称	合肥乐安股份有限公司	收款单位	单位名称	安徽省住房公积金
	单位账号	0140082260077		公积金账号	6723461
	开户银行	工行合肥分行科学大道分理处		开户银行	工行合肥分行科学大道分理处
缴款类型	☑汇缴　□补缴		补偿原因		
缴款人数	160	缴款时间	年　月至　年　月	月数	
缴款方式	□现金　☑转账			百 十 万 千 百 十 元 角	
金额（大写）	人民币柒万零陆佰玖拾肆元整			¥ 7 0 6 9 4 0	

上次汇缴		本次增加汇缴		本次减少汇缴		本次汇（补）缴	
人数	金额	人数	金额	人数	金额	人数	金额
160	71 620. 00	0	0	0	0	160	70 694. 00

上述款项已划转至市住房公积金管理中心住房公积金存款账户内。（银行盖章）

复核：　　经办：　　2017 年 12 月 25 日

中国工商银行合肥分行　转账　转讫

第四联：经办网点公积金专柜给客户的汇缴回单

103. 25 日，向职工项欣梦取得个人借款 200 000 元（现金），当即送存银行。有关单据见凭证 103－1 和凭证 103－2。

凭证 103－1

专用收款收据　　No. 0207896

收款日期 2017 年 12 月 25 日

收款单位（交款人）	项欣梦	收款单位（领款人）	合肥乐安股份有限公司									收款项目	借款
人民币（大写）	贰拾万元整		千	百	十	万	千	百	十	元	角	分	结算方式
				¥	2	0	0	0	0	0	0	0	现金
收款事由	借款		经办	部门									财务
				人员									张敏

上述款项照数收讫无误。收款单位财会专用章（领款人签章）	会计主管	稽核	出纳	交款人
	胡杨		张敏	项欣梦

合肥乐安股份有限公司　财务专用章

凭证 103 －2

现金存款凭证（回单）

交款日期：2017 年 12 月 25 日　　　　No. 0023804

款项来源		向个人借款				收款单位名称			合肥乐安股份有限公司							
现金计划项目						收款单位账号			01400822600777							
						收款单位开户行			工行合肥分行科学大道分理处							
人民币（大写）	贰拾万元整								十	万	千	百	十	元	角	分
									2	0	0	0	0	0	0	0
券别	张数	金额	券别	张数	金额	券别	张数	金额								
壹佰元	2 000	200 000	贰元			伍分			上述现金收讫无误							
伍拾元			壹元			贰分			收款员							
贰拾元			伍角			壹分										
壹拾元			贰角													
伍元			壹角													

中国工商银行合肥分行　转账　转讫

104. 26 日，向长沙机械物资公司销售 DA8 －7 型开孔机 100 台，单价 14 150 元，增值税税率 17%，随货销售领用 100 只木箱，不单独计价。款项已经收存银行。有关单据见凭证 104 －1 至凭证 104 －3。

凭证 104 －1

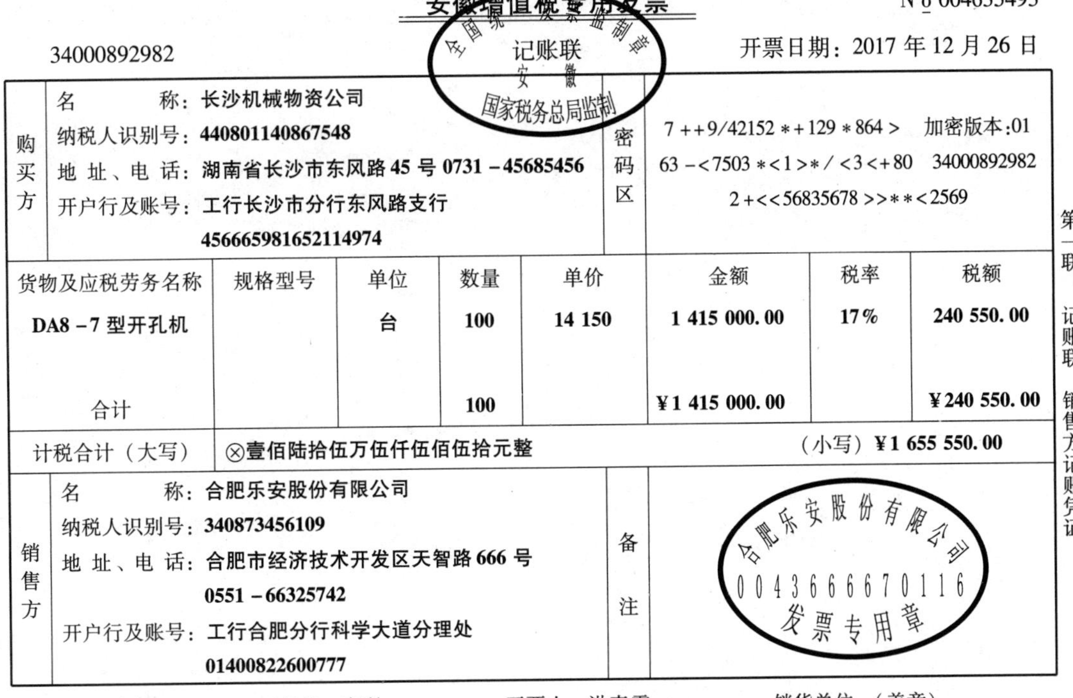

安徽增值税专用发票

N o 004635493

34000892982　　　记账联　　　开票日期：2017 年 12 月 26 日

（全国统一发票监制章　安徽　国家税务总局监制）

购买方	名　　称：长沙机械物资公司 纳税人识别号：440801140867548 地 址、电 话：湖南省长沙市东风路 45 号 0731 －45685456 开户行及账号：工行长沙市分行东风路支行 456665981652114974	密码区	7 ++9/42152 ∗+129 ∗864 >　加密版本:01 63 –<7503 ∗<1 >∗/ <3<+80　34000892982 2 +<<56835678 >>∗∗<2569

货物及应税劳务名称	规格型号	单位	数量	单价	金额	税率	税额
DA8 －7 型开孔机		台	100	14 150	1 415 000. 00	17%	240 550. 00
合计			100		¥1 415 000. 00		¥240 550. 00
计税合计（大写）	⊗壹佰陆拾伍万伍仟伍佰伍拾元整				（小写）¥1 655 550. 00		

销售方	名　　称：合肥乐安股份有限公司 纳税人识别号：340873456109 地 址、电 话：合肥市经济技术开发区天智路 666 号 0551 －66325742 开户行及账号：工行合肥分行科学大道分理处 01400822600777	备注	（合肥乐安股份有限公司　0043666670116　发票专用章）

第一联：记账联　销售方记账凭证

收款人：鲁原　　复核：李犁　　开票人：洪青霞　　销货单位：（盖章）

凭证 104－2

产品销售出库单

购货单位：长沙机械物资公司　　2017 年 12 月 26 日　　No. 0022644

品名	单位	单价	数量	金额	备注
DA8－7 型开孔机	台		100		
木箱	只		100		
合计					
购货方采购员签字：胡显魏					

第二联　记账联

记账：江越　　发货：刘文辉　　制单：苗小惠

凭证 104－3

中国工商银行电汇凭证（收账通知）

汇款人	全称	长沙机械物资公司	收款人	全称	合肥乐安股份有限公司
	账号	456665981652114974		账号	01400822600777
	开户银行	长沙市东风路		开户银行	合肥市经济开发区天智路
汇出行名称		工行长沙市分行东风路支行	汇入行名称		工行合肥分行科学大道分理处
金额	人民币（大写）	壹佰陆拾伍万伍仟伍佰伍拾元整	亿 千 百 十 万 千 百 十 元 角 分		¥ 1 6 5 5 5 5 0 0 0
汇出行签章			支付密码		
			附加信息及用途：付 A 材料款		
			复核　记账		

（印章：中国工商银行合肥分行　转账　转讫）

此联给收款人的收账通知

105. 26 日，发出原材料。有关单据见凭证 105－1。

凭证 105－1

材料出库单

领用单位：加工车间　　2017 年 12 月 26 日　　No. 0972

品名	单位	单价	数量	金额	备注
电机	台		240		生产钻孔机
电机	台		430		
合计					

第二联　记账联

仓管员：王亮　　经手人：刘春

106. 27 日，盘亏树脂 0. 4 吨，单位成本 2 505 元。有关单据见凭证 106－1。

凭证 106－1

存货盘点表

2017 年 12 月 27 日　　　　元

编号	品名规格	计量单位	账存数量	实存数量	盘盈		盘亏		原因
					数量	金额	数量	金额	
	树脂	吨					0. 4	1 002. 00	
合计								1 002. 00	

107. 27 日，盘亏树脂为保管人员工作失误造成，经批准予以转销。有关单据见凭证 107－1 和凭证 107－2。

凭证 107－1

存货盘盈盘亏核销报告表

2017 年 12 月 27 日

<table>
<tr><td rowspan="2">编号</td><td rowspan="2">品名规格</td><td rowspan="2">计量单位</td><td rowspan="2">账存数量</td><td rowspan="2">实存数量</td><td colspan="2">盘盈</td><td colspan="2">盘亏</td><td rowspan="2">原因</td></tr>
<tr><td>数量</td><td>金额</td><td>数量</td><td>金额</td></tr>
<tr><td></td><td>树脂</td><td>吨</td><td></td><td></td><td></td><td></td><td>0. 40</td><td>1 002. 00</td><td>工作失误</td></tr>
<tr><td></td><td></td><td></td><td></td><td></td><td></td><td></td><td></td><td></td><td></td></tr>
<tr><td colspan="2" rowspan="2">处理意见</td><td colspan="2">保管部门</td><td colspan="3">清查小组</td><td colspan="3">审批部门</td></tr>
<tr><td colspan="2">计入</td><td colspan="3">责任人赔偿</td><td colspan="3">同意清查小组意见
2017. 12. 27</td></tr>
</table>

凭证 107－2

增值税转出报告单

单位名称：合肥乐安股份有限公司　　2017 年 12 月 27 日

材料名称	转出材料金额	转出增值税额	转出原因	处理意见
树脂	1 002. 00	170. 34	非正常损耗	同意
合计	1 002. 00	170. 34		

108. 28 日，以存款支付职工元旦慰问金 48 000 元。（各车间生产工人的慰问金按照生产工人工时比例分配）有关单据见凭证 108－1 至凭证 108－3。

凭证 108－1

职工元旦慰问金发放汇总表

编制单位：合肥乐安股份有限公司　　2017 年 12 月 28 日

部门		人数	慰问金
行政办公室		4	1 200.00
财务部		4	1 200.00
质检部		4	1 200.00
仓储部		2	600.00
销售部		4	1 200.00
供气车间	管理人员	2	600.00
	生产人员	10	3 000.00
铸造车间	管理人员	2	600.00
	生产人员	70	21 000.00
加工车间	管理人员	3	900.00
	生产人员	55	16 500.00
合计		160	48 000.00

会计主管：胡杨　　复核：张新　　制表：李炎

凭证 108－2

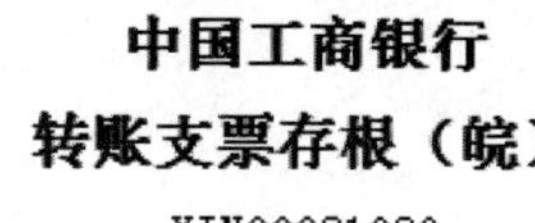

中国工商银行

转账支票存根（皖）

XIN00081030

附加信息：

出票日期：2017年12月28日

收款人：合肥乐安股份有限公司

金 额：¥48 000.00

用 途：支付职工元旦慰问金

单位主管：　　会计：

凭证 108－3

产品定额工时资料

2017 年 12 月 28 日

产品	铸造车间	加工车间
MF6－5 型钻孔机毛坯	6 450	
DA8－7 型开孔机毛坯	4 300	
MF6－6 型钻孔机		2 904
DA8－8 型开孔机		1 936

109. 29 日，收回货款。有关单据见凭证 109－1。

凭证 109－1

托收凭证（收款通知单）　　1

委托日期：2017 年 12 月 29 日　　（白纸蓝油墨）

业务类型		委托收款（□邮划 ☑电划）托收承付（□邮划 □电划）					
付款人	全称	立原公司		收款人	全称	合肥乐安股份有限公司	
	账号	0230089001177308			账号	01400822600777	
	地址	浙江省　开户行	工行杭州市支行		地址	安徽省　开户行	工行天智路分理处
金额	人民币（大写）	陆拾贰万叁仟伍佰肆拾元整				千 百 十 万 千 百 十 元 角 分	¥ 6 2 3 5 4 0 0 0
款项内容		货款	托收凭据名称	销售发票		附寄单据张数	贰张
商品发运情况		货已发运		合同名称号码		购销合同 17－039 号	
备注 复核　记账		款项收妥日期 2017 年 12 月 29 日				（收款单位开户银行签章） 2017 年 12 月 29 日	

中国工商银行股份公司 合肥分行科学大道分理处 2017-12-29 票据受理专用章

第三联　收款人开户行给收款人的收款通知单

110. 29 日，向立原公司销售 MF6－5 型钻孔机 100 台，单价 5 260 元，增值税税率 17%，随货销售领用 100 只木箱，不单独计价，已办妥托收手续。有关单据见凭证 110－1 至凭证 110－3。

凭证 110－1

安徽增值税专用发票　　No 004635494

34000892184　　记账联　　开票日期：2017 年 12 月 29 日

全国统一发票监制章 安徽 国家税务总局监制

购买方	名　　称：立原公司 纳税人识别号：8003011198801120 地 址、电 话：浙江省杭州市利民路 11 号 0571－62733245 开户行及账号：工行杭州市分行利民路支行 0230089001177308	密码区	7 ++9/42152 ∗∗+129 ∗864 >　加密版本:01 63 –<7503 ∗<1>∗/ <3<+80　34000892184 2 +<<56894448 >>∗∗<2569

货物及应税劳务名称	规格型号	单位	数量	单价	金额	税率	税额
MF6－5 型钻孔机		台	100	5 260.00	526 000.00	17%	89 420.00
合计			100		¥526 000.00		¥89 420.00
计税合计（大写）	⊗陆拾壹万伍仟肆佰贰拾元整				（小写）¥615 420.00		

销售方	名　　称：合肥乐安股份有限公司 纳税人识别号：340873456109 地 址、电 话：合肥市经济技术开发区天智路 666 号 0551－66325742 开户行及账号：工行合肥分行科学大道分理处 01400822600777	备注	合肥乐安股份有限公司 004366670116 发票专用章

收款人：张敏　　复核：李犁　　开票人：闵鑫福　　销货单位：（盖章）

第一联：记账联　销售方记账凭证

凭证 110－2

产品销售出库单

购货单位：立原公司　　2017 年 12 月 29 日　　No. 0022645

品名	单位	单价	数量	金额	备注
MF6－5 型钻孔机	台		100		
木箱	只		100		
合计					
购货方采购员签字：吴辉保					

第二联 记账联

记账：汪越　　发货：刘文辉　　制单：苗小惠

凭证 110－3

托收凭证（收款通知单） 1

委托日期：2017 年 12 月 29 日　　（白纸蓝油墨）

<table>
<tr><td>业务类型</td><td colspan="12">委托收款（□邮划 ☑电划）托收承付（□邮划 □电划）</td></tr>
<tr><td rowspan="3">付款人</td><td>全称</td><td colspan="3">立原公司</td><td rowspan="3">收款人</td><td>全称</td><td colspan="6">合肥乐安股份有限公司</td></tr>
<tr><td>账号</td><td colspan="3">0230089001177308</td><td>账号</td><td colspan="6">01400822600777</td></tr>
<tr><td>地址</td><td>浙江省</td><td>开户行</td><td>工行杭州市支行</td><td>地址</td><td>安徽省</td><td>开户行</td><td colspan="4">工行天智路分理处</td></tr>
<tr><td rowspan="2">金额</td><td rowspan="2">人民币（大写）</td><td rowspan="2" colspan="3">陆拾壹万伍仟肆佰贰拾元整</td><td colspan="8">千 百 十 万 千 百 十 元 角 分</td></tr>
<tr><td colspan="8">¥ 6 1 5 4 2 0 0 0</td></tr>
<tr><td>款项内容</td><td>货款</td><td>托收凭据名称</td><td colspan="2">销售发票</td><td colspan="2">附寄单据张数</td><td colspan="6">贰张</td></tr>
<tr><td>商品发运情况</td><td colspan="3">货已发运</td><td colspan="3">合同名称号码</td><td colspan="6">购销合同 12－040 号</td></tr>
<tr><td colspan="2">备注

复核　　记账</td><td colspan="4">款项收妥日期

2017 年 12 月 29 日</td><td colspan="7">中国工商银行股份有限公司 合肥分行科学大道分理处 2017-12-29 票据受理专用章
（收款单位开户银行签章）
2017 年 12 月 29 日</td></tr>
</table>

第三联 收款人开户行给收款人的收款通知单

111. 30 日，以现金支付财务部会计人员继续教育费 900 元。有关单据见凭证 111 －1 和凭证 111 －2。

凭证 111 －1

安徽增值税普通发票　　　　N o 03813739

3254445018　　　　发票联　　　　开票日期：2017 年 12 月 30 日

（印章：全国统一发票监制章 安徽 国家税务总局监制）

购买方	名　　称：合肥乐安股份有限公司 纳税人识别号：340873456109 地 址、电 话：合肥市经济技术开发区天智路 666 号 0551 －66325742 开户行及账号：工行合肥分行科学大道分理处 01400822600777	密码区	7 ++9/42152 **+129 *864 >　加密版本:01 63 –<7503 *<1>*/<3<+80　3254445018 2 +<<37394448 >>**<25699/ 42152 **+129 *864 >

货物及应税劳务名称	规格型号	单位	数量	单价	金额	税率	税额
会计人员继续教育		次	4	218.45	873.78	3%	26.22
合计			4		¥873.78		¥26.22
计税合计（大写）	⊗玖佰元整					（小写）	¥900.00

销售方	名　　称：智华会计培训中心 纳税人识别号：254080771481 地 址、电 话：安徽省合肥市瑶海区全椒路 343 号 0551 －22316522 开户行及账号：工行站前路支行 6210089001174567	备注	（印章：合肥乐安股份有限公司 00436666701116 发票专用章）

收款人：陈诚　　　复核：　　　开票人：杨飞　　　销货单位：（盖章）

第二联：发票联　购买方记账凭证

凭证 111 －2

合肥乐安股份有限公司报销封面

2017 年 12 月 30 日

开支内容：会计人员继续教育费　　　　单据张数：壹张

共计报销金额

人民币（大写）玖佰元整　　　　¥900.00

负责人审批意见	报销人	工作部门：财务部 姓名（盖章） 周皓
同意报销。 （印章：现金付讫） 程宏 2017. 12. 30	会计审核意见	已核 胡杨　2017. 12. 30

112. 31 日，分摊本月水费 18 270 元。有关单据见凭证 112－1。

凭证 112－1

分配本月水费

2017 年 12 月 31 日

受益部门＼项目	用水量/吨	单价（不含税）/元	分配金额/元
铸造车间	3 250	2. 10	6 825. 00
加工车间	3 000	2. 10	6 300. 00
供气车间	1 200	2. 10	2 520. 00
行政管理部门	1 250	2. 10	2 625. 00
合计	8 700	2. 10	18 270. 00

113. 31 日，分摊本月电费 94 874 元。有关单据见凭证 113－1。

凭证 113－1

分配本月电费

2017 年 12 月 31 日

受益部门＼项目	用电量/度	单价（不含税）/元	分配金额/元
铸造车间	40 000	1. 10	44 000. 00
加工车间	35 624. 5	1. 10	39 187. 00
供气车间	5 000	1. 10	5 500. 00
行政管理部门	5 624. 5	1. 10	6 187. 00
合计	86 249	1. 10	94 874. 00

114. 31 日，计提本月固定资产折旧。有关单据见凭证 114－1 和凭证 114－2。

凭证 114－1

2017 年 11 月末固定资产原值

元

部门＼项目	房屋	机器设备	汽车	其他
铸造车间	2 246 800. 00	6 346 065. 00		
加工车间	3 654 040. 00	5 362 486. 70		
供气车间	1 577 025. 00	200 000. 00		
行政管理部门	5 485 725. 60		620 000. 00	80 560. 00
销售部门			588 600. 00	
合计	12 963 590. 60	11 908 551. 70	1 208 600. 00	80 560. 00

凭证 114-2

固定资产折旧计算表

2017 年 12 月 31 日

项目 部门	房屋			机器设备			汽车及其他设备		
	原值	月折旧率	月折旧额	原值	月折旧率	月折旧额	原值	月折旧率	月折旧额
铸造车间									
加工车间									
供气车间									
行政管理部门									
销售部门									
合计									

115. 31 日，低值易耗品摊销（工作服、金属模具）。相关单据见凭证 115-1。

凭证 115-1

低值易耗品摊销表

2017 年 12 月 31 日

类别 应计账户		工作服	金属模具
辅助生产成本	供气车间		
制造费用	铸造车间		
	加工车间		
管理费用	质检部		
	仓储部		
合计			

116. 31 日，原材料发出汇总与分配。有关单据见凭证 116-1 至凭证 116-3。

凭证 116-1

材料费用分配表

车间：铸造车间　　　　2017 年 12 月 31 日

材料名称	产品名称	产量/台	共同耗用材料费用总额			
			单位消耗定额	定额耗用量	分配率	应分配材料费用
生铁	开孔机毛坯	400				
生铁	钻孔机毛坯	800				
合计						

凭证 116－2

材料费用分配表

车间：铸造车间　　　　2017 年 12 月 31 日

材料名称	产品名称	产量/台	共同耗用材料费用总额			
			单位消耗定额	定额耗用量	分配率	应分配材料费用
铸铁	开孔机毛坯	400				
铸铁	钻孔机毛坯	800				
合计						

凭证 116－3

材料费用分配汇总表

2017 年 12 月 31 日

领料部门及用途		生铁金额	铸铁金额	树脂金额	石英砂金额	木箱金额	电机金额	煤	合计
铸造车间	开孔机毛坯								
	钻孔机毛坯								
加工车间	开孔机								
	钻孔机								
供气车间									
出售									
出租									
合计									

117. 31 日，银行借款计息，本期应承担的利息全部列作财务费用。有关单据见凭证 117－1 和凭证 117－2。

凭证 117－1

银行借款利息计算单

银行名称：中国建设银行　　　　2017 年 12 月 31 日

借款种类	借款金额	借款期限	月利息额	列支项目
长期借款	2 000 000.00	9 天	4 200.00	财务费用
合计	2 000 000.000		4 200.00	

凭证 117－2

中国工商银行贷款利息清单（付款通知）

2017 年 12 月 31 日

单位名称	合肥乐安股份有限公司	结算户账号	01400822600777	你单位上述贷款利息已从你单位账户扣付。
计息起讫日期		2017 年 10 月 1 日至 2017 年 12 月 31 日		
计息总积数		年利率	利息金额	
（略）		6%	307 076.00	此致
金额人民币（大写）叁拾万零柒仟零柒拾陆元整				存款单位（银行盖章）

118. 31 日，无形资产摊销。有关单据见凭证 118－1。

凭证 118－1

无形资产摊销表

2017 年 12 月 31 日

名称	账面价值	摊销期	月摊销额
专利权	5 162 461.95	20 年	
商标权	883 000.00	10 年	
土地使用权	1 050 000.00	50 年	
专有技术	65 000.00	10 年	
合计	7 095 461.95		

119. 31 日，银行存款利息收入。有关单据见凭证 119－1。

凭证 119－1

中国工商银行计付存款利息清单（收款通知）

2017 年 12 月 31 日

单位名称	合肥乐安股份有限公司	结算户账号	01400822600777	你单位上述存款利息已收入你单位账户。
计息起讫日期		2017 年 10 月 1 日至 2017 年 12 月 31 日		
计息总积数		年利率	利息金额	
（略）		1.30%	35 400.00	此致
金额人民币（大写）		叁万伍仟肆佰元整		存款单位（银行盖章）

120. 31 日，分配本月工资。有关单据见凭证 120 - 1 至凭证 120 - 3。

凭证 120 - 1

工资结算汇总表（简表）

编制单位：合肥乐安股份有限公司　　2017 年 12 月 31 日

部门＼项目		人数	基本工资、奖金、津贴等	应付工资	代扣款项			代扣个人所得税	实发工资
					养老、医疗、失业保险	住房公积金	水电费		
铸造车间	管理人员	2.00	4 900.00	4 900.00	539.00	490.00	196.00	3.60	3 671.40
	工人	70.00	150 500.00	150 500.00	16 555.00	15 050.00	6 020.00	5 80	112 869.20
加工车间	管理人员	3.00	7 350.00	7 350.00	808.50	735.00	294.00	11.30	5 501.20
	工人	55.00	121 000.00	121 000.00	13 310.00	12 100.00	4 840.00	56.40	90 693.60
供气车间	管理人员	2.00	3 850.00	3 850.00	423.50	385.00	154.00	0.00	2 887.50
	工人	10.00	21 640.00	21 640.00	2 380.40	2 164.00	865.60	7.50	16 222.50
行政办公室		4.00	10 500.00	10 500.00	1 155.00	1 050.00	420.00	129.60	7 745.40
质检部		4.00	8 060.00	8 060.00	886.60	806.00	322.40	0.00	6 045.00
销售经营部		4.00	9 800.00	9 800.00	1 078.00	980.00	392.00	10.50	7 339.50
仓储部		2.00	3 950.00	3 950.00	434.50	395.00	158.00	0.00	2 962.50
财务部		4.00	8 450.00	8 450.00	929.50	845.00	338.00	13.40	6 324.10
合计		160.00	350 000.00	350 000.00	38 500.00	35 000.00	14 000.00	238.10	262 261.90

会计主管：胡杨　　复核：张新　　制表：闵鑫福

凭证 120 - 2

工资分配汇总表

编制单位：合肥乐安股份有限公司　　2017 年 12 月 31 日

部门＼应计账户		基本生产成本	辅助生产成本	制造费用	管理费用	销售费用	合计
铸造车间	MF6 - 5 型钻孔机毛坯						
	DA8 - 7 型开孔机毛坯						
	管理人员						
加工车间	MF6 - 5 型钻孔机						
	DA8 - 7 型开孔机						
	管理人员						
供气车间							
企业管理人员							
销售人员							
合计							

会计主管：胡杨　　复核：张新　　制表：闵鑫福

凭证 120 -3

产品定额工时资料

2017 年 12 月 31 日

产品 \ 车间	铸造车间	加工车间
MF6 -5 型钻孔机毛坯	6 450	
DA8 -7 型开孔机毛坯	4 300	
MF6 -6 型钻孔机		2 904
DA8 -8 型开孔机		1 936

121. 31 日，按工资总额计提养老、医疗、失业、工伤保险金。有关单据见凭证 121 -1。

凭证 121 -1

职工养老、医疗、失业、工伤保险分配表

2017 年 12 月 31 日

部门 \ 应计账户		应付工资	养老险 10%	医疗险 10%	失业险 2%	住房公积金 10%	工伤险 0.8%	工会经费 2%	职工教育经费 2.5%
基本生产成本	MF6 -5 型钻孔机毛坯								
	DA8 -7 型开孔机毛坯								
	MF6 -5 型钻孔机								
	DA8 -7 型开孔机								
加工车间	铸造车间								
	加工车间								
辅助生产成本（供气车间）									
管理费用									
销售费用									
合计									

会计主管：胡杨　　复核：张新　　制表：闽鑫福

122. 31 日，分配供气车间费用（直接分配法）。有关单据见凭证 122 -1 和凭证 122 -2。

凭证 122 -1

供气车间提供劳务量资料

2017 年 12 月 31 日

劳务里 \ 受益对象	铸造车间	加工车间	管理部门	销售部	合计
供气量/立方	14 400	10 000	1 000	1 600	27 000
合计	14 400	10 000	1 000	1 600	27 000

凭证 122－2

辅助生产费用分配表

2017 年 12 月 31 日

应计账户 \ 项目		劳务量/立方	分配率/%	应分配金额/元
制造费用	铸造车间			
	加工车间			
管理费用				
销售费用				
合计				

会计主管：胡杨　　复核：张新　　制表：吴成安

123. 31 日，分配铸造车间及加工车间制造费用（产品定额工时）。有关单据见凭证 123－1 和凭证 123－2。

凭证 123－1

铸造车间制造费用分配表

2017 年 12 月 31 日

产品名称	定额工时/小时	分配率/%	分配金额/元
MF6－5 型钻孔机毛坯	6 450		
DA8－7 型开孔机毛坯	4 300		
合计	10 750		

会计主管：胡杨　　复核：张新　　制表：闵鑫福

凭证 123－2

加工车间制造费用分配表

2017 年 12 月 31 日

产品名称	定额工时/小时	分配率/%	分配金额/元
MF6－5 型钻孔机	2 904		
DA8－7 型开孔机	1 936		
合计	4 840		

会计主管：胡杨　　复核：张新　　制表：闵鑫福

124. 31 日，计算铸造车间生产产品毛坯的成本，采用综合结转分步法直接转入相应产成品明细账；并计算完工产成品成本。有关单据见凭证 124－1 至凭证 124－6。

凭证 124－1

产品成本计算单

2017 年 12 月 31 日

产品名称：MF6－5 型钻孔机毛坯　　完工产量：800 台

摘要	直接材料	直接人工	制造费用	合计
本月发生费用				
费用合计				
转入下一步骤的完工产品成本				

凭证 124－2

产品成本计算单

2017 年 12 月 31 日

产品名称：DA8－7 型开孔机毛坯　　完工产量：400 台

摘要	直接材料	直接人工	制造费用	合计
本月发生费用				
费用合计				
转入下一步骤的完工产品成本				

凭证 124－3

产品成本计算单

2017 年 12 月 31 日

产品名称：MF6－5 型钻孔机　　完工产量：750 台　　在产品：200 台

摘要	直接材料	直接人工	制造费用	合计
期初在产品成本				
本月发生费用				
费用合计				
约当产量				
单位成本				
结转完工产品成本				
月末在产品成本				

凭证 124 -4

产品成本计算单

2017 年 12 月 31 日

产品名称：DA8 -7 型开孔机　　完工产量：470 台　　在产品：60 台

摘要	直接材料	直接人工	制造费用	合计
期初在产品成本				
本月发生费用				
费用合计				
约当产量				
单位成本				
结转完工产品成本				
月末在产品成本				

凭证 124 -5

入库单

地点：2 库　　2017 年 12 月 31 日

品名	单位	单位成本	数量	金额	备注
MF6 -5 型钻孔机	台		430		
DA8 -7 型开孔机	台		240		
合计					

二记账凭证

仓管员：王芳　　经手人：林华

凭证 124 -6

入库产品成本计算表

地点：2 库　　2017 年 12 月 31 日

品名	单位	单位成本	数量	金额	备注
MF6 -5 型钻孔机	台		750		
DA8 -7 型开孔机	台		470		
合计					

二记账凭证

仓管员：王芳　　经手人：林华

125. 31 日，按应收账款余额百分比法对期末“应收账款”计提坏账准备，计提比例为6%。有关单据见凭证 125－1。

凭证 125－1

坏账准备计提计算单

2017 年 12 月 31 日

年末应收账款余额	计提比例	应计数额	计提前“坏账准备”账户余额	实际应提数额
	6%			

会计主管：胡杨　　复核：张新　　制表：闵鑫福

126. 31 日，计算本月应交增值税。有关单据见凭证 126－1 和凭证 126－2。

凭证 126－1

应交税费——应交增值税明细账（简）

2017 年		借方				贷方				借或贷	余额
月	日	合计	进项税额	已交税金	转出未交增值税	合计	销项税额	进项税额转出	转出未交增值税		

凭证126－2

附件1

增值税纳税申报表

（一般纳税人适用）

根据国家税收法律法规及增值税相关规定制定本表。纳税人不论有无销售额，均应按税务机关核定的纳税期限填写本表，并向当地税务机关申报。

税款所属时间：自　年　月　日至　年　月　日　填表日期：　年　月　日　金额单位：元至角分

纳税人识别号						
纳税人名称	（公章）	法定代表人姓名		注册地址		生产经营地址
开户银行及账号		登记注册类型			电话号码	

项目		栏次	一般项目		即征即退项目	
			本月数	本年累计	本月数	本年累计
销售额	（一）按适用税率计税销售额	1				
	其中：应税货物销售额	2				
	应税劳务销售额	3				
	纳税检查调整的销售额	4				
	（二）按简易办法计税销售额	5				
	其中：纳税检查调整的销售额	6				
	（三）免、抵、退办法出口销售额	7			—	—
	（四）免税销售额	8			—	—
	其中：免税货物销售额	9			—	—
	免税劳务销售额	10			—	—
税款计算	销项税额	11				
	进项税额	12				
	上期留抵税额	13				—
	进项税额转出	14				
	免、抵、退应退税额	15			—	—
	按适用税率计算的纳税检查应补缴税额	16			—	—
	应抵扣税额合计	17＝12＋13－14－15＋16		—		—
	实际抵扣税额	18（如17＜11，则为17，否则为11）				
	应纳税额	19＝11－18				
	期末留抵税额	20＝17－18				—
	简易计税办法计算的应纳税额	21				
	按简易计税办法计算的纳税检查应补缴税额	22			—	—
	应纳税额减征额	23				
	应纳税额合计	24＝19＋21－23				

续表

税款缴纳	期初未缴税额（多缴为负数）	25				
	实收出口开具专用缴款书退税额	26			—	—
	本期已缴税额	27 = 28 + 29 + 30 + 31				
	①分次预缴税额	28		—		—
	②出口开具专用缴款书预缴税额	29		—	—	—
	③本期缴纳上期应纳税额	30				
	④本期缴纳欠缴税额	31				
	期末未缴税额（多缴为负数）	32 = 24 + 25 + 26 − 27				
	其中：欠缴税额（≥0）	33 = 25 + 26 − 27		—		—
	本期应补（退）税额	34 = 24 − 28 − 29		—		—
	即征即退实际退税额	35	—	—		
	期初未缴查补税额	36			—	—
	本期入库查补税额	37			—	—
	期末未缴查补税额	38 = 16 + 22 + 36 − 37			—	—
授权声明	如果你已委托代理人申报，请填写下列资料： 为代理一切税务事宜，现授权＿＿＿＿＿（地址）＿＿＿＿＿为本纳税人的代理申报人，任何与本申报表有关的往来文件，都可寄予此人。 授权人签字：		申报人声明	本纳税申报表是根据国家税收法律法规及相关规定填报的，我确定它是真实的、可靠的、完整的。 声明人签字：		

主管税务机关：　　　　　　接收人：　　　　　　接收日期

127. 31 日，计算全年应交的土地使用税、房产税和车船税。有关单据见凭证 127 − 1 至凭证 127 − 2。

凭证 127 − 1

房产税、土地使用税计算表

2017 年 12 月 31 日

税种	计税依据	计税基数	适用税率	应缴税额/元
房产税	房产原值	7 254 513.42 元	1.20%	
	房屋租金收入	12 750.00 元	12%	
土地使用税	土地使用面积	35 999.64m²	8 元/m²	
合计				

凭证 127 -2

车船税计算表

2017 年 12 月 31 日

税种	征收品目	计税依据	计税基数	适用税率	应缴税额/元
车船税	20 人客车	数量	1	540 元/车、辆	
	微型客车	数量	1	240 元/车、辆	
	货车	自重吨位	3×10	80 元/车、吨	
合计					

128. 31 日，计算本月应交城市维护建设税、教育费附加及印花税。有关单据见凭证 128 -1 至凭证 128 -3。

凭证 128 -1

城建税、教育费附加计算表

2017 年 12 月 31 日

税种	计税依据	计税基数/元	适用税率/%	应缴税额/元
城建税	应交增值税		7	
	应交消费税	0		
教育费附加	应交增值税		3	
	应交消费税	0		
合计				

凭证 128 -2

印花税计算表

2017 年 12 月 31 日

税种	计税依据	计税基数/元	适用税率/%	应缴税额/元
印花税	购销合同	9 561 500.00	0.03	2 868.45
合计		9 561 500.00		2 868.45

凭证 128－3

地方各税（基金、费）综合申报表

纳税人识别号：　　　　填报日期：　　年　月　日　　　　计算单位：元（列至角分）、m^2、吨

纳税人名科（盖章）			地址			联系电话			主管税务机关税务联系人			
税（基金、费）名称	所属期（1）	税目（2）	计税（基金、费）项目（3）	计税（基金费）金额（数量）（4）				税（基金、费）率（单位税额）（5）	应纳税（基金、费）额（6）	抵扣税（基金、费）额（7）	减免税（基金、费）额（8）	实际征收税（基金、费）额（9）
				应税收入	应税减除项目金额	应税营业额	免税收入					
城建税												
教育费附加												
印花税												
房产税												
城镇土地使用税												
车船税												

续表

<table>
<tr>
<td>纳税人
或扣缴义
务人声明</td>
<td>本单位（公司、个人）所申报的各种税（基金、费）真实、准备，如有虚假内容，愿承担法律责任。
法定代表人（负责人）：
年　月　日</td>
<td>授权人
声明</td>
<td>我（公司）现授权__________为本纳税人的纳税申报代理人，其法人代表：__________电话：__________。任何与申报有关的往来文件，都可寄此代理机构。
授权人签名：
年　月　日</td>
<td>代理人
声明</td>
<td>本纳税申报表是按照有关法律、法规和税务机关规定填报的，我确信它是真实、合法的。如有不实，我愿承担法律责任。
代理人（法定代表人）签名：
经办人签名：
（代理人盖章）
年　月　日</td>
<td>税务机
关填写</td>
<td>受理人：
受理日期：
年　月　日
税务机关（盖章）：</td>
</tr>
<tr>
<td>税务机
关声明</td>
<td colspan="3">纳税人必须在法律、行政法规规定或者税务机关依照法律行政法规确定的申报期限办理申报纳税；纳税人未按照规定期限申报纳税的，税务机关将依据《中华人民共和国税收征收管理法》及其实施细则有关规定处理。</td>
<td>备注</td>
<td colspan="3">1. 请当面审核、点清开出的税票份数，离柜后发生税票丢失责任自负。
2. 单位电话（手机）如有变动，请及时在“电话”栏填列。</td>
</tr>
</table>

129. 31 日，结转本月已销产品成本。有关单据见凭证 129 - 1。

凭证 129 - 1

产品销售成本计算单

2017 年 12 月 31 日

产品名称	销售数量/件	单位成本/元	总成本/元
MF6 - 5 型钻孔机	570		
DA8 - 7 型开孔机	360		
合计			

130. 31 日，经查，上海能源股票 2017 年 12 月 31 日在上海证券公司的收盘价为 15. 10 元。请对期末的交易性金融资产按照公允价值计量。有关单据见凭证 130 - 1。

凭证 130 - 1

公允价值变动损益计算表

2017 年 12 月 31 日

投资品种	名称	股票数量/股	期末单位公允价值/元	期末公允价值/元	期末账面价值/元	公允价值变动损益/元
股票	上海能源	30 000	15. 10	453 000. 00	360 000. 00	93 000. 00
合计		30 000		453 000. 00	360 000. 00	93 000. 00

131. 31 日，结清损益类账户。有关单据见凭证 131 - 1。

凭证 131 - 1

损益类账户发生额表

2017 年 12 月 31 日

账户名称	借方发生额合计	贷方发生额合计
合计		

132. 31 日，计算并结转应纳企业所得税。有关单据见凭证 132 -1 和凭证 132 -2。

凭证 132 -1

中华人民共和国企业所得税月（季）度预缴纳税申报表

税款所属期间：　年　月　日至　年　月　日

纳税人识别号：□□□□□□□□□□□□□□□□□□

纳税人名称：　　　　　　　　　　　　　　金额单位：人民币元（列至角分）

行次	项目	本期金额	累计金额
1	一、按照实际利润额预缴		
2	营业收入		
3	营业成本		
4	利润总额		
5	加：特定业务计算的应纳税所得额		
6	减：不征税收入和税基减免应纳税所得额（请填附表 1）		
7	固定资产加速折旧（扣除）调减额（请填附表 2）		
8	弥补以前年度亏损		
9	实际利润额（4 行 +5 行 -6 行 -7 行 -8 行）		
10	税率（25%）		
11	应纳所得税额（9 行 ×10 行）		
12	减：减免所得税额（请填附表 3）		
13	实际已预缴所得税额	——	
14	特定业务预缴（征）所得税额		
15	应补（退）所得税额（11 行 -12 行 -13 行 -14 行）	——	
16	减：以前年度多缴在本期抵缴所得税额		
17	本月（季）实际应补（退）所得税额	——	

是否属于小型微利企业：　　是 □　　　　否 □

谨声明：此纳税申报表是根据《中华人民共和国企业所得税法》《中华人民共和国企业所得税法实施条例》和国家有关税收规定填报的，是真实的、可靠的、完整的。

法定代表人（签字）：　　　　年　月　日

纳税人公章： 会计主管： 填表日期：　年　月　日	代理申报中介机构公章： 经办人： 经办人执业证件号码： 代理申报日期：　年　月　日	主管税务机关受理专用章： 受理人： 受理日期：　年　月　日

凭证 132－2

中华人民共和国企业所得税年度纳税申报表

行次	类别	项目	金额
1	利润总额计算	一、营业收入（填写 A101010\101020\103000）	
2		减：营业成本（填写 A102010\102020\103000）	
3		营业税金及附加	
4		销售费用（填写 A104000）	
5		管理费用（填写 A104000）	
6		财务费用（填写 A104000）	
7		资产减值损失	
8		加：公允价值变动收益	
9		投资收益	
10		二、营业利润（1－2－3－4－5－6－7＋8＋9）	
11		加：营业外收入（填写 A101010\101020\103000）	
12		减：营业外支出（填写 A102010\102020\103000）	
13		三、利润总额（10＋11－12）	
14	应纳税所得额计算	减：境外所得（填写 A108010）	
15		加：纳税调整增加额（填写 A105000）	
16		减：纳税调整减少额（填写 A105000）	
17		减：免税、减计收入及加计扣除（填写 A107010）	
18		加：境外应税所得抵减境内亏损（填写 A108000）	
19		四、纳税调整后所得（13－14＋15－16－17＋18）	
20		减：所得减免（填写 A107020）	
21		减：抵扣应纳税所得额（填写 A107030）	
22		减：弥补以前年度亏损（填写 A106000）	
23		五、应纳税所得额（19－20－21－22）	
24	应纳税额计算	税率（25%）	
25		六、应纳所得税额（23×24）	
26		减：减免所得税额（填写 A107040）	
27		减：抵免所得税额（填写 A107050）	
28		七、应纳税额（25－26－27）	
29		加：境外所得应纳所得税额（填写 A108000）	
30		减：境外所得抵免所得税额（填写 A108000）	
31		八、实际应纳所得税额（28＋29－30）	
32		减：本年累计实际已预缴的所得税额	
33		九、本年应补（退）所得税额（31－32）	
34		其中：总机构分摊本年应补（退）所得税额（填写 A109000）	
35		财政集中分配本年应补（退）所得税额（填写 A109000）	

续表

行次	类别	项目	金额
36		总机构主体生产经营部门分摊本年应补（退）所得税额（填写A109000）	
37	附列资料	以前年度多缴的所得税额在本年抵减额	
38		以前年度应缴未缴在本年入库所得税额	

133. 31 日，结转 12 月份净利润。有关单据见凭证 133 - 1。

凭证 133 - 1

利润分配计算表

2017 年 12 月 31 日

项目	金额
年初未分配利润	
利润总额	
应交所得税	
净利润	
提取盈余公积	
向投资者分配利润	
年终未分配利润	

134. 31 日，提取 12 月份的法定盈余公积。

135. 31 日，提取 12 月份的任意盈余公积。

136. 31 日，向投资者分配 12 月份的利润。

137. 31 日，结转“未分配利润”以外的明细账户余额。

（三）制证、入账并编制资产负债表和利润表

根据以上经济业务，制证、入账并编制资产负债表和利润表。有关单据见凭证 138 - 1 至凭证 138 - 4。

凭证 138 -1

资产负债表

会企 01 表

编制单位：　　　　　　　　　　____年__月__日　　　　　　　　　　单位：元

资　　产	期末余额	年初余额	负债和所有者权益（或股东权益）	期末余额	年初余额
流动资产：			流动负债：		
货币资金			短期借款		
以公允价值计量且其变动计入当期损益的金融资产			以公允价值计量且其变动计入当期损益的金融负债		
衍生金融资产			衍生金融负债		
应收票据			应付票据		
应收账款			应付账款		
预付款项			预收款项		
应收利息			应付职工薪酬		
应收股利			应交税费		
其他应收款			应付利息		
存货			应付股利		
持有待售资产			其他应付款		
一年内到期的非流动资产			持有待售负债		
其他流动资产			一年内到期的非流动负债		
流动资产合计			其他流动负债		
非流动资产：			流动负债合计		
可供出售金融资产			非流动负债：		
持有至到期投资			长期借款		
长期应收款			应付债券		
长期股权投资			其中：优先股		
投资性房地产			永续债		
固定资产			长期应付款		
在建工程			专项应付款		
工程物资			预计负债		
固定资产清理			递延收益		
生产性生物资产			递延所得税负债		
油气资产			其他非流动负债		
无形资产			非流动负债合计		
开发支出			负债合计		
商誉			所有者权益（或股东权益）：		
长期待摊费用			实收资本（或股本）		
递延所得税资产			其他权益工具		

续表

资　　产	期末余额	年初余额	负债和所有者权益（或股东权益）	期末余额	年初余额
其他非流动资产			其中：优先股		
非流动资产合计			永续债		
			资本公积		
			减：库存股		
			其他综合收益		
			盈余公积		
			未分配利润		
			所有者权益（或股东权益）合计		
资产总计			负债和所有者权益（或股东权益）总计		

修订新增项目说明：

1. 新增“持有待售资产”行项目，反映资产负债表日划分为持有待售类别的非流动资产及划分为持有待售类别的处置组中的流动资产和非流动资产的期末账面价值。该项目应根据在资产类科目新设置的“持有待售资产”科目的期末余额，减去“持有待售资产减值准备”科目的期末余额后的金额填列。

2. 新增“持有待售负债”行项目，反映资产负债表日处置组中与划分为持有待售类别的资产直接相关的负债的期末账面价值。该项目应根据在负债类科目新设置的“持有待售负债”科目的期末余额填列。

凭证 138 -2

利 润 表

会企 02 表

编制单位：　　　　　　　　　　____年__月　　　　　　　　　　单位：元

项　　目	本期金额	上期金额
一、营业收入		
减：营业成本		
税金及附加		
销售费用		
管理费用		
财务费用		
资产减值损失		
加：公允价值变动收益（损失以“-”号填列）		
投资收益（损失以“-”号填列）		
其中：对联营企业和合营企业的投资收益		
资产处置收益（损失以“-”号填列）		
其他收益		
二、营业利润（亏损以“-”号填列）		
加：营业外收入		
减：营业外支出		
三、利润总额（亏损总额以“-”号填列）		
减：所得税费用		
四、净利润（净亏损以“-”号填列）		
（一）持续经营净利润（净亏损以“-”号填列）		
（二）终止经营净利润（净亏损以“-”号填列）		
五、其他综合收益的税后净额		
（一）以后不能重分类进损益的其他综合收益		
1. 重新计量设定受益计划净负债或净资产的变动		
2. 权益法下在被投资单位不能重分类进损益的其他综合收益中享有的份额		
……		
（二）以后将重分类进损益的其他综合收益		
1. 权益法下在被投资单位以后将重分类进损益的其他综合收益中享有的份额		
2. 可供出售金融资产公允价值变动损益		
3. 持有至到期投资重分类为可供出售金融资产损益		
4. 现金流量套期损益的有效部分		
5. 外币财务报表折算差额		
……		

续表

项　　目	本期金额	上期金额
六、综合收益总额		
七、每股收益：		
（一）基本每股收益		
（二）稀释每股收益		

修订新增项目说明：

1. 新增“资产处置收益”行项目，反映企业出售划分为持有待售的非流动资产（金融工具、长期股权投资和投资性房地产除外）或处置组时确认的处置利得或损失，以及处置未划分为持有待售的固定资产、在建工程、生产性生物资产及无形资产而产生的处置利得或损失。债务重组中因处置非流动资产产生的利得或损失和非货币性资产交换产生的利得或损失也包括在本项目内。该项目应根据在损益类科目新设置的“资产处置损益”科目的发生额分析填列；如为处置损失，以“－”号填列。

2. 新增“其他收益”行项目，反映计入其他收益的政府补助等。该项目应根据在损益类科目新设置的“其他收益”科目的发生额分析填列。

3. “营业外收入”行项目，反映企业发生的营业利润以外的收益，主要包括债务重组利得、与企业日常活动无关的政府补助、盘盈利得、捐赠利得等。该项目应根据“营业外收入”科目的发生额分析填列。

4. “营业外支出”行项目，反映企业发生的营业利润以外的支出，主要包括债务重组损失、公益性捐赠支出、非常损失、盘亏损失、非流动资产毁损报废损失等。该项目应根据“营业外支出”科目的发生额分析填列。

5. 新增“（一）持续经营净利润”和“（二）终止经营净利润”行项目，分别反映净利润中与持续经营相关的净利润和与终止经营相关的净利润；如为净亏损，以“－”号填列。该两个项目应按照《企业会计准则第 42 号——持有待售的非流动资产、处置组和终止经营》的相关规定分别列报。

凭证 138－3

现金流量表

会企 03 表

编制单位：　　　　　　　　　　　　____年__月　　　　　　　　　　　　单位：元

项　目	本期金额	上期金额
一、经营活动产生的现金流量：		
销售商品、提供劳务收到的现金		
收到的税费返还		
收到其他与经营活动有关的现金		
经营活动现金流入小计		
购买商品、接受劳务支付的现金		
支付给职工以及为职工支付的现金		
支付的各项税费		
支付其他与经营活动有关的现金		
经营活动现金流出小计		
经营活动产生的现金流量净额		
二、投资活动产生的现金流量：		
收回投资收到的现金		
取得投资收益收到的现金		
处置固定资产、无形资产和其他长期资产收回的现金净额		
处置子公司及其他营业单位收到的现金净额		
收到其他与投资活动有关的现金		
投资活动现金流入小计		
购建固定资产、无形资产和其他长期资产支付的现金		
投资支付的现金		
取得子公司及其他营业单位支付的现金净额		
支付其他与投资活动有关的现金		
投资活动现金流出小计		
投资活动产生的现金流量净额		
三、筹资活动产生的现金流量：		
吸收投资收到的现金		
取得借款收到的现金		
收到其他与筹资活动有关的现金		
筹资活动现金流入小计		
偿还债务支付的现金		
分配股利、利润或偿付利息支付的现金		
支付其他与筹资活动有关的现金		
筹资活动现金流出小计		
筹资活动产生的现金流量净额		
四、汇率变动对现金及现金等价物的影响		
五、现金及现金等价物净增加额		
加：期初现金及现金等价物余额		
六、期末现金及现金等价物余额		

凭证 138 －4

所有者权益变动表

会企 04 表

编制单位：　　　　____年度　　　　单位：元

项目	本年金额										上年金额									
	实收资本（或股本）	其他权益工具			资本公积	减：库存股	其他综合收益	盈余公积	未分配利润	所有者权益合计	实收资本（或股本）	其他权益工具			资本公积	减：库存股	其他综合收益	盈余公积	未分配利润	所有者权益合计
		优先股	永续债	其他								优先股	永续债	其他						
一、上年年末余额																				
加：会计政策变更																				
前期差错更正																				
其他																				
二、本年年初余额																				
三、本年增减变动金额（减少以“－”号填列）																				
（一）综合收益总额																				
（二）所有者投入和减少资本																				
1. 所有者投入的普通股																				
2. 其他权益工具持有者投入资本																				
3. 股份支付计入所有者权益的金额																				
4. 其他																				
（三）利润分配																				
1. 提取盈余公积																				
2. 对所有者（或股东）的分配																				
3. 其他																				
（四）所有者权益内部结转																				
1. 资本公积转增资本（或股本）																				

续表

2. 盈余公积转增资本（或股本）																				
3. 盈余公积弥补亏损																				
4. 其他																				
四、本年年末余额																				

第三章 企业会计综合实训——会计电算化

第一节 初始化设置——建立账套

一、创建企业账套

新建账套的步骤如下：

（一）文件命名

单击标示地方，会出现新建账套文件存放地点以及文件名，按实训材料要求建立在桌面，并把文件命名为“班级+考号+姓名”。

（二）单击“新建账套”

上一步骤完成后，选择Manager登录，单击“新建账套”，

（三）按照实训材料要求进行初始化设置

（1）单击“下一步”。

（2）在“请输入账套名称”处输入“合肥乐安股份有限公司”，并单击“下一步”。

（3）选择准则，选择“请选择贵公司所属的行业”下的“新会计准则”，并且单击“下一步”。

（4）定义记账本位币。一般企业的记账本位币为人民币。直接单击“下一步”。

（5）设置会计科目级数。科目级数最大为10级。一级科目代码长度为4，二级及以后的长度为2。①

（6）会计期间界定。会计期间界定选择“自然月份”，“会计年度开始日期”选择“1月1日”，“账套启用会计期间”选择“2015年12月”，并单击“下一步”。

（7）完成建账向导。单击“完成”。

（四）新建账套后，自动进入账套初始化界面

标题栏是打开的账套名称，右下角是当前打开的账套的年、月以及登录的操作员。

---

① 除第一级代码长度固定以外（因必须与会计准则中的一级科目代码一致，故为灰色，不可修改），其他级的代码长度都可以修改。本题要求，科目级数最大为4级。

二、操作员设置与权限设置

【任务描述】为乐安公司修改一个用户组：将缺省组修改为操作员组。在系统管理员组下增加胡杨，在操作员组下增加你自己和张敏。具体权限设置见表3－1。

表3－1 操作员具体权限设置

	操作权限	报表权限	科目权限	授权范围
程栋	所有操作权限	所有报表权限	所有科目权限	所有用户
王斌彬	“出纳管理”的所有操作权限，除了“引入数据”权限	“科目日报表”的查看和打印权限	库存现金、银行存款、其他货币资金和应收票据	当前用户
张敏	所有操作权限，除了以下的权限：“账务处理”下“凭证”的“凭证审核”；“固定资产”的“固定资产审核”	所有报表权限	所有科目权限	当前用户

（一）增加系统管理员及权限

单击“工具”菜单下的“用户管理”菜单。

进入用户管理窗口后，首先进行组设置。

（1）修改缺省组。选中“缺省组”，单击“修改组”。

（2）将修改组名改为“操作组”，单击“确定”。

（3）增加系统管理员组下的用户并设置其权限。

①选择“系统管理员”，单击“新增”。增加“用户名”，名为“胡杨”，单击“确定”。

②设置权限。此时弹出权限管理的对话框，根据题目要求，对胡杨授予所有权限，单击“授予所有权限”，弹出对话框，单击“确定”。

（二）增加操作组下的用户并设置其权限

（1）选择“操作员组”，单击“新增”。增加“用户名”，名为“张敏”，单击“确定”。

（2）设置权限。此时弹出权限管理的对话框，根据题目要求，对张敏角色设置部分权限。只选择“操作权限——出纳管理”，单击“全部选择”，将“引入数据”选项去掉勾选，单击“当前用户”，单击授权。

（3）报表权限设置。选择“报表权限——账务处理”下的“科目日报表”，单击“全部选择”，并单击“授权”。

设置科目权限。选择“科目权限”，勾选“检查科目权限”，同时勾选“库存现金”“银行存款”“其他货币资金”以及“应收票据”。最后单击“授权”。

（4）选择“操作员组”，单击“新增”。增加“用户名”，输入自己的姓名，点击“确定”。

（5）设置自己的权限。在弹出的权限管理的对话框中，根据题目要求，对自己的角色设置部分权限。单击“当前用户”，再单击“授予所有权限”，弹出对话框，单击“是”。根据题目要求，该角色操作权限，没有凭证审核和固定资产审核权，取消该两项权限。选择

“操作权限——账务处理”下的“凭证”，取消“凭证审核”勾选选项，并单击“授权”；选择“操作权限——固定资产”，取消“固定资产审核”勾选选项，并单击“授权”。

第二节　初始化设置——财务系统

一、账套选项的设置

【任务描述】 账套选项的基本设置。

公司信息的设置如下：

单击“账套选项”进行操作，弹出账套选项对话框，输入企业基本信息，完成后单击“确定”。

二、核算项目档案录入

【任务描述】 对核算项目按照类别分别录入各档案信息，见表3－2和表3－3。

表3－2　往来单位档案

客户代码	客户名称	上级客户代码
G001	泰安贸易公司	无
G002	西南钢铁厂	无
G003	武汉机械公司	无
G004	明光工厂	无
G005	铜陵钢铁厂	无
G006	合肥市自来水公司	无
G007	合肥市供电公司	无
K001	建勋公司	无
K002	红皖公司	无
K003	青山公司	无

表3－3　部门档案

部门代码	部门名称	上级部门代码
001	董事长办公室	无
002	财务部	无
003	行政办公室	无
004	质量检验部	无
005	业务部	无
006	仓储部	无
007	铸造车间	无

续表

部门代码	部门名称	上级部门代码
008	加工车间	无
009	供气车间	无

（一）录入客户和供应商的档案

在主界面单击“核算项目”，弹出对话框，选择“往来单位”，单击“增加”。分别录入客户和供应商信息。

（二）录入部门的档案

在弹出的对话框中，选择“部门”，单击“增加”。分别录入部门和职员的信息。

三、会计科目的建立

【任务描述】对照系统中预置的会计科目。

（一）设置会计科目

在主界面单击“会计科目”，弹出“会计科目”对话框。

（二）增设和修改会计科目

根据题目要求，增设明细科目和修改科目设置。

（1）以银行存款为例，双击“会计科目”表里的“银行存款”，进入“修改科目”对话框，勾选“结算类科目”选项，单击“确定”。再增设“工行”明细科目，完成后单击“增加”。

（2）以应收账款为例修改科目设置。双击“会计科目”表里的“应收账款”，进入“修改科目”对话框，选择“项目核算”，勾选“往来单位”选项。完成后单击“确定”。

其他科目设置参照表格要求修改。

第三节　初始化设置——初始资料的录入

一、其他设置

【任务描述】

完成凭证字设置和结算方式设置。

凭证字及其科目范围限制的设置见表 3－4。

表 3－4　凭证字及其科目范围限制的设置

类型	凭证字
记账凭证	记

结算方式包括：现金、现金支票、转账支票、委托收款、银行承兑、商业承兑、电汇和银行汇款。

（一）凭证字设置

在主界面选择"基础资料"，单击选择"凭证字"。如果删除"收"字，则选择凭证字对话框里的"收"，单击"删除"，弹出对话框，选择"是"。删除完"收""付""转"后，单击"关闭"。

（二）更改结算方式

在主界面选择"基础资料"，单击选择"结算方式"。如果需要增加结算方式，选择"结算方式"对话框，单击"新增"，在弹出的对话框里，输入"现金支票"，完成后单击"增加"。

二、录入期初余额

【任务描述】

2017 年 12 月期初余额如前面的实训资料所示。

（一）录入科目初始数据

单击"初始数据"，录入科目初始数据。

（二）普通科目

直接在期初余额输入数据①。

黄色为母科目，单击"汇总"或 F9 键后，会自动对子科目数字进行汇总，无须填写。

（三）挂有核算项目的科目

从对应科目最后一栏的"核算项目"下面的"√"进入核算项目输入界面，有的核算项目科目（如往来科目）需要填写明细资料，有的可直接输入数据。若数字显示不全，可拉伸列宽。

三、账套的启用

【任务描述】

对公司的初始数据进行试算平衡并启用公司的账套。

（一）试算平衡

所有数据输入完成后，在科目初始数据录入窗口的左上角的下拉框选择"试算平衡表"，检查借贷是否平衡。若数据录入无错，试算表已平衡，则可以启用账套。

（二）启用账套

在主界面单击"启用账套"，在弹出的对话框中单击"继续"，备份账套，完成后单击"完成"。

启用账套时，系统要求必须备份，默认备份路径在软件安装目录，建议修改成其他路径，以方便查找。

到此为止，账套初始化全部完成，系统调转到日常操作平台，初始化数据将不能再修改，如发现初始化数据有错，确需修改的，只能通过"文件"——"账套恢复"程序，恢复前面备份的账套，才能修改初始数据，修改完成后，重新启用账套。所以，请务必把备份文件保存，文件名为"班级 + 考号 + 姓名 . *AIR*"。

---

① 不论数据有没有录完，退出初始数据录入界面前，请先单击"汇总"保存数据，之后再退出。